NEOCOGITO

阅读即行动

The Weird and The Eerie

怪异与阴森

Mark Fisher

[英] 马克·费舍——著
王知夏——译

上海人民出版社

献给佐伊，我一贯的支持者，以及此处留下了一些东西而非空无一物的原因。

目录

序言

怪异与阴森（超越暗怖）

说来也怪，我竟然直到现在才开始认真探讨怪异（weird）和阴森（eerie）。因为尽管本书的直接缘起都是近期发生的事件，但自从我记事以来，怪异和阴森的各种实例就一直萦绕在我心头，让我着迷不已。可是我一直没把这两种模式区分开，更不用说去弄清它们的典型特征。原因之一无疑在于怪异和阴森的主要文化案例都出现在边缘化的类型，比如恐怖和科幻小说里，而这些类型的相互关联模糊了怪异和阴森各自的特点。

大约十年前，伦敦大学金史密斯学院举办了两场关于 H. P. 洛夫克拉夫特[①]作品的研讨会，怪异由

① H. P. Lovecraft（1890—1937），美国恐怖、科幻与奇幻小说作家，尤以怪谈故事著称。其代表作品有《克苏鲁的呼唤》《星之彩》《疯狂山脉》《印斯茅斯的阴霾》等。——译注（后文注释如无特别说明，皆为译注）

此浮现于我的视野；而阴森则在 2013 年成了我与贾斯汀·巴顿(Justin Barton)联合制作的有声散文《在消失的土地上》(*On Vanishing Land*)的主要论题。就这样，阴森适时地潜入了我和贾斯汀的脑海；虽然一开始它并不是我们关注的焦点，但到了项目结束之际，我们发现许多在记忆里挥之不去的音乐、电影和小说都具有阴森的特征。

怪异和阴森的共同点在于对奇怪事物的痴迷。奇怪不等于恐怖。怪异和阴森的吸引力无法用我们“享受惊吓”这种说法来解释。不妨说，它关乎一种对外部，对常规感知、认知和经验所不能及的东西的着迷。这种着迷通常包含一种特定的担忧，甚或恐惧——可若要说怪异和阴森之物必定可怕，那也不然。我在此并不是要主张外部永远都是良善的。那里多的是可怕的东西，但它们绝非外部的全部。

我迟迟没有转向怪异和阴森，或许是由于弗洛伊德的暗怖(*unheimlich*)①概念施下的魔咒。众所

---

① 弗洛伊德在其 1919 年发表的一篇论文(„Das Unheimliche“)中探讨了这个概念：“unheimlich”是一个德语词，意思是不像家的、不熟悉的、不驯服的、不舒服的。它也可以表示不隐藏的、非秘密的。弗洛伊德用“Unheimliche”来描述一种心理现象：熟悉的事物变得陌生，或者本应保密的事物无意间暴露出来，让人产生不安或恐惧感。(转下页)

周知，暗怖的在英语里一直被不恰当地译作“诡异离奇的”(uncanny)；还有一个词更准确地表达了弗洛伊德原词的意思：“不像家的”(unhomely)。人们常常将暗怖与怪异及阴森混为一谈——弗洛伊德在自己的文章里也把它们当作可互换的术语使用。然而他那篇雄文的影响力却意味着，暗怖已然挤占了另外两种形式的立足之地。

那篇探讨暗怖的文章对恐怖和科幻小说研究影响甚大——也许到头来，比起弗洛伊德给出的实际定义，他的难以定论之处、他的猜想和遭到反驳的论点才是更重要的原因。弗洛伊德提供的暗怖案例——替身、模仿真人的机械体、假体——唤起了某种不安之情。但他对暗怖之谜所下的最终结论——他声称可以将它简化为阉割焦虑——就跟任何一个平庸的侦探故事落入窠臼的谜底一样叫人扫兴。迷人的永远都是弗洛伊德文章中循环出现的一堆概念，以及它们如何不断地反复例示自身所描述的过程。重复(*repetition*)和复制(*doubling*)——两者本身就是一对互相复制、彼此重复的诡异概

(接上页) 该词在中文里没有合适的对等词，在此姑且译为“暗怖”，以表示“熟悉之物中隐藏的恐怖”之意。

念——似乎居于弗洛伊德鉴定的每一个“诡异”现象的核心。

当然，怪异、阴森及暗怖之间肯定存在共通之处。三者都是情感(affects)，但同样是模式：电影和小说的模式，感知的模式，你甚至可以说，归根结底是存在的模式。即便如此，它们也算不上类型。

也许暗怖与怪异和阴森之间最重要的区别一方面在于它们对陌生(strange)的处理方式。弗洛伊德的“暗怖”是关于熟悉的事物内含的陌生部分，让人陌生的熟悉感，熟悉又似陌生——是关于日常世界偏离自身的方式。弗洛伊德精神分析中的一切矛盾性都在这个概念中得到了体现。它说的究竟是把熟悉的——和家中的——东西变得陌生，还是让陌生之物回归熟悉，回归家中？在这里，我们可以观察到弗洛伊德式精神分析所固有的双重动作：首先，许多关于家的常见概念被陌生化了；但与之相伴的是一个补偿性的动作，使得外部可以按照现代主义家庭剧来解读。精神分析本身就是一个暗怖的类型；它无法摆脱外部的纠缠，同时又围着外部打转，却永远无法百分之百地承认或证实外部的存在。已有不少评论家认识到，那篇论暗怖的文章本身就像一个故事，弗洛伊德则扮演了亨利·詹姆斯[1]式的不可靠叙述者。如果弗洛伊德是不可靠的叙述者,那他讲的故事凭什么就该按照他自己的论文提出的范畴来归类呢?相反,假使这篇文章的戏剧性全在于弗洛伊德坚持不懈地尝试将他探索的现象纳入暗怖的范畴,我们又该怎么办呢?

怪异和阴森被并入暗怖名下,是世俗世界从外部撤退的症状。大众对暗怖的偏好呼应了向某一特定类型的批评靠拢的趋向,这类批评的工作方式向来是透过内部的缝隙和死角来加工外部。怪异和阴森则反其道而行:它们让人从外部的角度来看待内部。正如我们即将看到的,怪异是*无所归属之物*。怪异给熟悉的事物带来了某种通常超越它的东西,某种与"在家感"无法调和(甚至是其对立面)的东西。最适合表现怪异的形式也许要属蒙太奇——*将两个或多个互不相干的东西接合在一起*。这正是超现实主义对怪异情有独钟的原因,它将潜意识理解成一台蒙太奇机器,一台创造怪异拼合物的发生器。也正因如此,雅克·拉康——挺身而出,接受超现实主义和其他现代主义美学提出的挑

① Henry James(1843—1916),英籍美裔小说家、文学批评家、剧作家和散文家,开创了心理分析小说之先河。

战——才得以走向一种怪异的精神分析，在该理论中，死亡冲动、梦和无意识都成了不受任何归化状态或在家感束缚的东西。

乍一看，阴森似乎更接近暗怖而非怪异。但就像怪异一样，阴森说到底也与外部有关，在这里，我们既能从直接的经验性，也能在更抽象的超验意义上理解外部。阴森的感觉很少附着于有人居住的封闭家庭空间；而在残留着人迹的无人风景中，我们更容易发现阴森的存在。是什么造就了这些废墟，导致人迹消失？其中牵涉到怎样的实体？是什么东西发出了如此阴森的号叫？从这些例子中我们可以看出，阴森本质上与施动性（agency）的问题密不可分。有什么样的施动者（agent）在这里活动？究竟存不存在一个施动者？这些问题可以在精神分析的语域里提出——如果我们并非自己所认为的那个人，那我们是什么？——但它们同样适用于支配资本主义社会的力量。资本在任何层面上都是一个阴森的实体：诞生于虚无，却比任何所谓有实质的实体都更具影响力。

资本的形而上学丑闻将我们引向了非物质和无生命物的施动性这一更广阔的问题：对像奈杰

尔·尼尔[1]和艾伦·加纳[2]这样的创作者而言，此即矿物和景观的施动性，以及“我们”“我们自身”被非人为力量的节奏、搏动和模式化运动控制的方式。内部是不存在的，所谓内部不过是外部的折叠；镜子裂了，我是一个他者，并且一直都是。这里的战栗是阴森的战栗，而非暗怖引起的战栗。

阴森取代暗怖的一个杰出范例是 D. M. 托马斯[3]的小说《白色旅馆》(*The White Hotel*)。首先，这部小说看上去是对弗洛伊德一位虚构的病人“安娜·G”的模拟案例研究。在小说开篇，安娜·G 的诗初看之下似乎充满了歇斯底里的情色臆想，正如托马斯版弗洛伊德在他写下的病历中指出的。弗洛伊德的解读作势要驱散安娜·G 诗歌中的梦境氛围，同时也确立了一个解释的方向：从现在到过

---

① Nigel Kneale(1922—2006)，英国编剧，曾获得过毛姆奖，并两次获得英国电影和电视艺术学院最佳英国剧本奖提名，代表作包括本书《阴森的塔纳托斯：奈杰尔·尼尔和艾伦·加纳》一篇中重点讨论的“夸特马斯”系列影视剧。

② Alan Garner(1934—)，英国小说家，其作品植根于不列颠群岛的神话传说，以独具一格的奇幻风格见长，因其在青少年文学方面的贡献，于 2001 年被授予大英帝国勋章。加纳在 2022 年入围布克奖短名单，成为该名单有史以来最年长的入围作者。

③ D. M. Thomas(1935—2023)，英国诗人、翻译家、小说家。其第三部小说《白色旅馆》甫一出版便入围布克奖。

去，从外部到内部。然而故事后续的发展表明，看似情色的内容本身只是在混淆、转移这首诗最重要的指示对象，它并不存在于安娜·G的过去，而是在她的未来——她将死于1941年的巴比亚尔大屠杀。[①] 预见和宿命的问题在此以一种令人不安的形式将我们带入阴森之域。不过，宿命既可以是阴森的，也可以是怪异的。毕竟，《麦克白》(*Macbeth*)里的预言女巫有个广为人知的名字“怪异姐妹”(the Weird Sisters)，而“怪异”的古老含义之一就是“宿命”。宿命的概念是怪异的，因为它暗示了异于通常感知的时间和因果关系的扭曲形式；但它同样是阴森的，因为它提出了有关施动性的问题：命运的编织者究竟是何人或何物？

阴森涉及的是最基本的形而上学问题，即关于存在和不存在的问题：*为什么不该存在的东西存在？为什么应该存在东西却不存在？*死者空洞的眼睛，失忆者迷茫的眼睛——它们就像废弃的村庄或环形石阵一样，毫无疑问会激起一种阴森的感觉。

---

① 巴比亚尔(Babi Yar)是乌克兰首都基辅西北的沟壑，1941年德军占领基辅后，在此地屠杀了约五万名犹太人。

到目前为止，我们依然留有一个印象：怪异和阴森主要与令人痛苦或害怕的事物有关。因此，在这篇序言的结尾，让我们来看看能激发另一类情感反应的怪异和阴森的案例。我们初次见到现代主义和实验性作品时，常常会觉得怪异。与怪异一脉相连的谬误感——对它无所归属的确信——往往是我们正在面对新事物的一个标志。这里的怪异是一个信号，表明我们过去使用的概念和框架现在已经过时了。如果与奇怪事物的邂逅在这里带来的并非直接的愉悦（愉悦无论何时都是指以前存在过的满足感形式），那也不会是单纯的不愉悦：看到熟悉的、传统的事物被时代淘汰自有一种快感——这种快感混合了快乐与痛苦，与拉康提出的享乐（*jouissance*）有异曲同工之妙。

阴森还有一个必要条件是脱离我们当前的依附①。但就阴森的情况而言，这种脱离在很多时候并不具有冲击性，而冲击一般来说是怪异的特征之一。常常与阴森联系在一起的安静——想想“平静得叫人毛骨悚然”（eerie calm）这个短语——关乎从

① 依附在心理学中指使主体获取安全感的依恋对象，当该对象在场时，主体会感到安全，不在场时则会感到焦虑。

日常生活的紧要事务中抽离。通过阴森的视角，我们得以进入支配凡庸现实但通常被遮蔽了的力量，亦得以直达彻底超越凡庸现实的空间。它带我们从凡庸中解脱，从通常被人当作现实的禁锢中逃离，这在一定程度上解释了阴森独特的吸引力。

怪异篇

空间之外和时间之外

洛夫克拉夫特与怪异

何谓怪异？当我们说某个东西怪异时，我们指的是一种怎样的感觉？我要主张怪异是一种特殊的扰动。它包含一种错误的感觉：一个怪异的实体或客体怪得让我们感觉它不应该存在，或者至少不应该存在于此地。但如果这个实体或客体在此，那么我们迄今为止用来认识世界的范畴就不能成立了。毕竟，怪异的事物本身没有错：只可能是我们的观念不足以认识它了。

词典的定义有时候对怪异的界定起不到太大帮助。有些定义直接与超自然挂钩，但要说超自然实体一定是怪异的，那可不见得。黑洞之类的自然现象在很多方面都比吸血鬼更怪异。而在小说的领域，吸血鬼和狼人显然属于家喻户晓的生物类别，以至于引不起任何怪异的感觉。对吸血鬼和狼人而言，已有既存的传说和约定俗成的规则用于解释、归类它们。无论如何，这类生物只属于经验意义上的怪物，它们的形象不过是将我们已知的自然世界的元素重新组合在一起。与此同时，它们是超自然的实体这一事实本身又意味着，它们具有的一切奇怪性现在都要归因于自然以外的领域。相比之下，黑洞则是另一码事：黑洞弯折空间和时间的古怪方式完全脱离了我们的普遍经验，却属于自然-物质宇宙——因此这个宇宙必然比我们日常经验所认识到的宇宙要奇怪得多。

正是这样的直觉启发 H. P. 洛夫克拉夫特创作了怪谈小说。“现在我所有的故事都是基于一个根本前提，即人类的一般法则、共同利益和普遍情感在整个广阔无垠的宇宙中不具有任何效力或意义，”1927 年，洛夫克拉夫特在给《诡丽幻谭》(*Weird Tales*)杂志出版商的信中写道，“要想触及真实的外部性在时间、空间或维度上的实质，我们必须忘掉诸如有机生命、善与恶、爱与恨，以及所谓人类这种无足轻重、转瞬即逝的种族的一切局部属性。”正是“真实的外部性”这一特征对怪异至关重要。

对怪谈小说的一切讨论都必须从洛夫克拉夫

特开始。通过纸浆杂志[1]刊载的故事，洛夫克拉夫特成为名副其实的怪谈开创者，发展出了一套有别于奇幻和恐怖小说的故事套路。洛夫克拉夫特的故事如着魔般痴迷于外部的问题：外部通过与来自远古的异常实体的相遇、异变的意识状态，以及时间结构的诡异扭曲闯入了内部。与外部的接触往往以人的精神崩溃和错乱告终。洛夫克拉夫特的故事常常涉及外部向内部的灾难性融合，而所谓的内部在事后看来只是一层虚妄的外壳，一个假象。以《印斯茅斯的阴霾》（"The Shadow over Innsmouth"）为例，故事的最后真相大白，原来主角自己就是一个"深潜者"[2]，来自水中的异界生物。我就是"它"（It）——或者更确切地说，我就是"它们"（They）。

虽然洛夫克拉夫特经常被归入恐怖小说作家之列，他的作品却很少会唤起恐怖的感觉。当洛夫克拉夫特在他的一篇短文《怪谈写作笔记》（"Notes

① Pulp magazines，20世纪上半叶流行的刊登恐怖、科幻等通俗故事的廉价刊物，由印刷这些杂志的廉价木浆纸而得名，相当于国内的地摊文学。上文提到的《诡丽幻谭》即代表性的纸浆杂志之一。

② Deep One，克苏鲁神话中的一类生物，是住在海底的一个具有鱼类特征的类人种族，最早出现在洛夫克拉夫特1931年发表的短篇小说《印斯茅斯的阴霾》中。

on Writing Weird Fiction”)中阐述自己的写作动机时，他并没有直接提到恐怖。相反，他谈到了“对于奇观、美和冒险渴望朦胧的、不可名状的、碎片式的印象”。对恐怖的凸显，洛夫克拉夫特接着写道，是这些故事遇上未知之物的结果。

因此，就洛夫克拉夫特呈现的怪异而言，必不可少的并非恐怖，而是着迷，尽管这种着迷中通常掺杂着某种恐惧。但我要指出的是，着迷同样是怪异概念本身不可或缺的组成部分——怪异不可能只产生斥力，它还必须迫使我们投入注意力。所以，如果一个故事里没有任何让人着迷的元素，如果这个故事仅止于是恐怖的，那它就不再是怪异的。着迷是洛夫克拉夫特笔下的人物和他的读者共有的情感。恐惧或害怕则不像这样被共享；洛夫克拉夫特的角色经常处于极度害怕的状态，他的读者却很少被吓到。

洛夫克拉夫特的着迷是拉康所说的享乐的一种形式：这种快感必须融合快乐与痛苦，两者相互缠绕，不可分割。洛夫克拉夫特的文本随处漂浮着享乐的泡沫。“泛着泡沫”(frothing)、“冒起泡沫”(foaming)和“密密麻麻”(teeming)是洛夫克拉夫特频繁使用的词语，但它们同样适用于享乐的“淫秽黏胶”(obscene jelly)。我并不是要输出谬论，号称洛夫克拉夫特的作品中没有否定消极的一面——厌恶和憎恨的感情在其中几乎毫无掩饰——只是否定性并不占据主导地位。过度关注“公开”否定的对象常常意味着享乐——一种无论如何都无法“弥补”否定性的快感模式——发挥了作用:它升华了否定性。换句话说，它把一个引起不快的普通物体变成了一件既可怕又迷人的“物”(Thing)，而后者再也无法被划分为力比多①意义上的积极或消极。此“物”压倒一切，它无法被克制，却让人欲罢不能。

在洛夫克拉夫特的小说中，着迷是最大的宿命驱动力，是着迷把他书呆子气的角色引向我们读者总能预见到的解体、分裂或退化。读者只要读过洛夫克拉夫特的一两篇故事，就完全能猜到他其他的小说都会如何发展。事实上，很难想象洛夫克拉夫特故事的结局会让人感到多么惊讶，哪怕是第一次读他故事的人。由此可见，悬念——和恐怖一样——并不是洛夫克拉夫特小说的一个决定性

① Libido，弗洛伊德理论中的一个重要概念，指性本能的一种内在的、原发的能量。在弗洛伊德看来，人的一切心理与行为活动都是由“力比多”驱动的。

特征。

这意味着洛夫克拉夫特的作品不符合托多洛夫[①]对奇幻(fantasy)的结构主义定义。根据该定义,奇幻是悬在诡异(最终以自然主义的方式解决的故事)和奇妙(以超自然方式解决的故事)之间的一种状态。尽管洛夫克拉夫特的故事包含他在《怪谈写作笔记》里描述的"时间、空间和自然法则的恼人限制(永远禁锢着我们,挫败我们对人类视野和理性分析辐射不到的无限宇宙空间的好奇心)受到某种奇怪的中止或违背的幻觉",却从未暗示过有超自然生物的介入。人类将外来物转化为神的企图在洛夫克拉夫特看来显然是拟人论[②]的无效尝试,将意义和感觉强加于宇宙的"真实外部性"之上,而在这样一个宇宙中,人类的关切、看法和概念仅仅具有局部的参考价值,这种努力或许是高尚的,本质上却是荒谬的。

莫里斯·莱维(Maurice Lévy)在《洛夫克拉夫

---

① Tzvetan Todorov(1939—),法藉保加利亚裔著名文学理论家、符号学家、文艺理论家,主要从事结构主义诗学和叙述学的理论建构和批评实践,象征与阐释理论的研究,文化人类学研究。

② Anthropomorphism,在心理学中指将非人的事物比拟作人并赋予它们包括心理特点在内的人类特征的一种理论。拟人论常用在对动物、自然力量或所谓"命运的主宰"的描述或理解上。

特:关于奇幻的研究》(*Lovecraft: A Study in the Fantastic*)一书中,将洛夫克拉夫特纳入“奇幻传统”,与哥特小说、爱伦·坡、霍桑和比尔斯[1]相提并论。但洛夫克拉夫特在他的故事里着重强调了异常实体的物质性,说明他与爱伦·坡以及哥特小说家有很大区别。尽管我们可称之为普通自然主义(ordinary naturalism)的观念——由常识和欧几里得几何学构建的标准经验世界——在每个故事的结尾都会被撕得粉碎,取代它的却总是一种超自然主义,即对物质宇宙所含内容的一种广义理解。

在我看来,洛夫克拉夫特的唯物主义是他的小说——乃至一般意义上的怪谈——应与奇幻和幻想风格区分开来的原因之一。(应当注意的是,洛夫克拉夫特本人在《怪谈写作笔记》里倒是愉快地将怪异与奇幻画上等号。)奇幻是一个相当宽泛的类别,可以囊括大部分科幻小说和恐怖小说。倒不是说此类别不符合洛夫克拉夫特的作品风格,只是它并没有点出他创作手法中的独到之处。无论如何,奇幻代表了一系列更具体的一般属性。洛夫克

① 指浪漫主义小说家、心理小说先驱纳撒尼尔·霍桑(Nathaniel Hawthorne,1804—1864)和美国恐怖、灵异小说家安布罗斯·比尔斯(Ambrose Bierce,1842—1914)。

拉夫特早期的灵感来源邓萨尼勋爵[①]和J. R. R. 托尔金(J. R. R. Tolkien)都是典型的奇幻作家,对比一下他们,我们便能看出怪谈的不同之处。奇幻故事的背景都设定在与我们所处的现实完全不相干的世界——比如邓萨尼的裴伽纳(Pegāna),或托尔金的"中洲"(Middle Earth);或者不妨说,这类世界在空间和时间上都与我们的现实相距甚远(事实上,太多架空世界无论是从本体论上还是从政治上来说都太像我们的现实世界了)。相比之下,怪异的显著特征在于它在此世界与彼世界之间打开了一个出口。当然也有一些故事和系列作品——比如C. S. 刘易斯(C. S. Lewis)的"纳尼亚传奇"系列、弗兰克·鲍姆(L. Frank Baum)的《绿野仙踪》(*The Wizard of Oz*),以及斯蒂芬·唐纳森(Stephen Donaldson)的"托马斯·康维南三部曲"[②]——其中的此世界和彼世界之间存在一条通路,却无法让人

---

① Lord Dunsany(1878—1957),爱尔兰作家,现代奇幻文学的奠基人,一生创作了上百部长篇小说、短篇小说、剧本、散文等,影响了包括洛夫克拉夫特在内的众多奇幻类作家。

② 即美国奇幻、科幻小说家斯蒂芬·唐纳森所著的"不信者托马斯·康维南编年史"(The Chronicles of Thomas Covenant the Unbeliever)系列:《法尔的毒药》(*Lord Foul's Bane*)、《恶土之战》(*The Illearth War*)、《永存之力》(*The Power that Preserves*)。

感受到任何“怪异”的氛围。其原因在于这类小说中的“此世界”部分差不多都是作为标准奇幻故事的序幕和尾声出现的。此世界的人物进入了彼世界,但那个世界并未对这个世界产生任何影响,顶多是改变了回归此世的角色的思想。而在洛夫克拉夫特的故事里,此世界和彼世界之间却存在一种相互作用,一种交流、对抗乃至冲突。

这解释了洛夫克拉夫特将其众多故事的背景设置在新英格兰的至高意义。在洛夫克拉夫特的新英格兰世界,莫里斯·莱维写道:“现实——物质的、地形的、历史的——应受到重视。众所周知,只有当不可能性得以穿过时间和空间,侵入客观上的熟悉场所时,真正的奇幻才可能存在。”所以我要提出的看法是,从他与邓萨尼那种凭空创造新世界的风格分道扬镳的那一刻起,洛夫克拉夫特就不再是奇幻作家,而是成了一位怪谈创作者。怪异,至少在洛夫克拉夫特版本的怪异里,首要的特征将是——套用莱维的说法——一种虚构,其中,是外部而非不可能性“得以穿过时间和空间,侵入客观上的熟悉场所”。有些世界无论是在地理位置上,还是在支配它们的物理法则上,都与我们的世界截然不同,但它们未必是怪异的。外部的某物对此世界的入侵才是怪异的标志。

至此,我们可以看出为何怪异需要与现实主义保持一定联系。洛夫克拉夫特本人在谈到现实主义的时候常常不以为然。可如果洛夫克拉夫特彻底摈弃了现实主义,他将永远无法突破邓萨尼和德·拉·梅尔①的奇幻疆域。更准确地说,洛夫克拉夫特是将现实主义控制在局部或者说将其局部化了。他在1927年写给《诡丽幻谭》编辑的信中明确指出了这一点:

> 只有在人类场景和人物身上,人性特质才是必不可少的。这些必须以容不得半分虚假的现实主义来处理(而不是华而不实的浪漫主义),但当我们越过分界线,进入无边无际的险恶未知——暗影徘徊的外部——之时,我们必须记得把自己的人性和地球中心主义通通留在门外。

洛夫克拉夫特的故事从地球-经验世界与外部

① Walter de la Mare(1873—1956),英国诗人、短篇小说家,后期浪漫主义诗人的杰出代表,擅长创作心理恐怖故事。

之间的差异里汲取力量。这也是它们总以第一人称被创作出来的原因之一：如果外部逐渐侵占了一个人类主体，它的陌生轮廓就能被知觉捕捉；反之，如果想要在完全不参照人类世界的前提下捕捉“无边无际的险恶未知”，则会面临让故事落入窠臼的风险。洛夫克拉夫特需要人类世界，一如画家会在一座巨大建筑前面插入一个标准大小的人形轮廓：都是为了营造一种规模感。

因此，我们可以借鉴洛夫克拉夫特在他的两个故事标题《空间之外的颜色》（“The Colour Out of Space”）和《时间之外的影子》（“The Shadow Out of Time”）里使用的短语——略显古怪并且暧昧不明的“之外”——给怪异下一个初步定义。在最简单的层面上，“之外”，顾名思义，指“从外面来”。但我们亦无法回避它的第二种含义，即某种事物被移走，被切割出去，尤其是在《时间之外的影子》里。影子是从时间中被切割出去的东西。通过将事物从其本该存在的位置上“切割出去”这一概念，洛夫克拉夫特与现代主义的拼贴技术殊途同归。不过，“之外”还有第三重含义：超越。在某种程度上，时间之外的影子意味着影子超越了我们通常理解和体验到的时间。

为了获得一种超越的感觉，召唤出外部，洛夫克拉夫特的作品不能再倚赖业已存在的人物形象或传说体系。他的创作关键取决于创造新事物。正如柴纳·米耶维[①]在他为《疯狂山脉》(*At the Mountains of Madness*)写的引言中所述："洛夫克拉夫特彻底脱离了一切民间传统——这里没有对熟悉的吸血鬼或狼人(或迦楼罗[②]或鲁萨尔卡[③]或其他任何诸如此类的传统怪物)的现代化改写。洛夫克拉夫特的万神殿和动物寓言书绝对是自成一体的。"然而，洛夫克拉夫特造物的革新性还有另一个重要的维度：它受到了作者本人的否认和掩饰。正如米耶维接下来所言："……在洛夫克拉夫特的叙述中可以发现一个矛盾。尽管他的怪物概念和他的奇幻风格都是前所未有的，他却假装并非如此。"每当遭遇怪异的实体，洛夫克拉夫特的人物都会在他自己发明的神话和传说系统中找到参照物。洛夫克拉夫特将一套新造的神话投射回遥远的过

---

① China Miéville(1972—)，出生于英格兰，以"新怪谈"风格奠定国际声誉的21世纪重要奇幻作家。

② Garuda，印度教和佛教中都提及过的一种大型鸟类怪物，或者说人形鸟。

③ Rusalka，斯拉夫神话中的水下女鬼，一类像美人鱼一样的幽灵。

去，进而导致埃里希·冯·戴尼肯和葛瑞姆·汉卡克等作家的“异星神崇拜”——借用杰森·科拉维托的说法。[①] 洛夫克拉夫特将新事物“埋葬在过去”，这也是他的怪谈“超越”时间的原因之一，正如在《时间之外的影子》里，主角皮斯利在古建筑遗迹里遇见了自己亲手写下的文字。

柴纳·米耶维主张，是第一次世界大战的冲击激发了洛夫克拉夫特的创新：与过去的创伤性断裂让新事物得以浮出水面。不过，把洛夫克拉夫特的作品看成关于创伤的体验或许也有助于理解，因为他的作品涉及这种体验自身的结构中的断裂。弗洛伊德在《超越快乐原则》(“Beyond the Pleasure Principle”)一文中的论断(“由于精神分析的某些发现，我们今天有了立场去讨论康德的定理，即时间和空间是‘思想的必要形式’。”)表明，他认为无意

---

① 杰森·科拉维托(Jason Colavito)是一位美国作家、记者，其作品《异星神崇拜：H. P. 洛夫克拉夫特和外星流行文化》(*The Cult of Alien Gods: H. P. Lovecraft and Extraterrestrial Pop Culture*)将人类的外星人信仰追溯到了洛夫克拉夫特的作品。前句提到的埃里希·冯·戴尼肯(Erich von Däniken)是一位瑞士作家，是鼓吹远古外星人接触和古代宇航员假说的主要人物之一，他的几本书提出了早期人类文明受外星影响的争议性见解；而葛瑞姆·汉卡克(Graham Hancock)是英国记者、考古历史类畅销书作家，也主张人类文明来自高度发达的外星文明。

识的工作方式超越了康德所说的支配感知-意识系统的时间、空间和因果关系的“超验”结构。通过研究受过创伤的人的精神活动,可以对无意识的功能及无意识与时间、空间、因果关系的主导模型之间的断裂有所把握。因此,创伤可以被看作一种超验的冲击——与洛夫克拉夫特的作品相关的一个暗示性短语。外部不是“经验上”的外部,而是超验的外部,换句话说,它不只在时空上与我们相隔遥远,还超越了我们对于时空本身的一般体验和概念。弗洛伊德在其作品中不断强调无意识既不知否定,也不识时间。因此,在《文明及其不满》(*Civilisation and its Discontents*)中,艾舍尔①风格的无意识形象有如一座罗马城,“在那里,只要出现过的事物都不会消失,所有早期的发展阶段都继续与最近的阶段并存”。弗洛伊德的怪异几何体显而易见地呼应了洛夫克拉夫特的小说中反复援用的

① Maurits Cornelis Escher(1898—1972),荷兰版画家,因其画作的数学性而闻名。在他的作品中,可以看到对分形、对称、密铺平面、双曲几何和多面体等数学概念的形象表达。他的主要创作方式包括木版、铜版、石版、素描,创作领域还包括早期的风景画、不可能物件、球面镜等。

非欧几何[1]空间。看看《克苏鲁的呼唤》("Call of Cthulhu")里对"梦境的几何构造"的描述:"反常的,非欧几里得的,令人厌恶地联想到不属于我们这个世界的球体和维度。"

千万不要太过草率地妥协,给洛夫克拉夫特贴上不可描述的标签。当洛夫克拉夫特将他自己创造的实体称为"不可名状的"或"不可描述的"时,这种说法总是被人断章取义。正如柴纳·米耶维指出的,通常,洛夫克拉夫特在用"不可描述"形容某种实体之后,马上就会开始细致入微地描述它的技术性细节。(虽然洛夫克拉夫特偏爱使用"不可名状"这个词——他在自己的故事《不可名状》里调侃了这一概念,却又为之辩护——但他并不避讳为"物"命名。)不过,这一流程还有第三个阶段。在(1)宣称不可描述和(2)描述之后,接下来是(3)无法以视觉呈现。尽管洛夫克拉夫特的描写非常细节化,或者说正因如此,读者才无法从其脱离音源的形容词堆砌中合成一幅精神图像,这也促使格拉

① 即非欧几里得几何的简称,一般指罗巴切夫斯基几何(双曲几何)和黎曼的椭圆几何,它们与欧几里得几何最主要的区别在于采用了不同的平行公理。

汉姆·哈曼[①]将这些段落的效果与立体主义[②]做对比——《魔女屋中之梦》(“Dreams in the Witch House”)中提到的“一簇簇立方体与平面”加强了这一对照。立体主义和未来主义的技巧和图案在洛夫克拉夫特的不少故事里都扮演了重要角色,通常作为(表面上的)厌恶对象出现。即便对现代主义视觉艺术怀有敌意,洛夫克拉夫特也认识到它是一种可以再利用的资源,用以召唤出外部。

到目前为止,我对洛夫克拉夫特的讨论集中于故事里面发生的事,但洛夫克拉夫特创造的最为重要的怪异影响之一却发生在他的不同文本之间。将洛夫克拉夫特的文本系统化并建立一个“神话体系”,这可能要归功于他的追随者奥古斯特·德雷斯[③],但故事与故事之间的关系,以及它们构建一个

---

① Graham Harman (1968—),现任开罗美国大学(The American University in Cairo)哲学教授,致力于物的形而上学研究,并促进了以物为导向的本体论(Object-Oriented Ontology)的发展,是当代哲学中思辨实在论思潮的核心人物之一。

② Cubism,西方现代艺术史上的一个运动和流派,1907年始于法国,代表人物包括巴勃罗·毕加索和乔治·布拉克。立体主义的风格主要是以多角度来描绘对象物,将其置于同一个平面之中,以表达对象物最为完整的形象。

③ August William Derleth(1909—1971),美国作家、文学家,创立了阿卡姆之屋出版社(Arkham House),是洛夫克拉夫特作品的第一个出版商,并推动了克苏鲁神话成为一种恐怖故事类型。

连贯现实的方式，对理解洛夫克拉夫特作品的独特性至关重要。表面上看来，洛夫克拉夫特创造这种连贯性的方式与托尔金取得类似效果的途径并无太大差别，然而，与此世界的关联又一次成了关键所在。通过将故事背景设置在新英格兰而非某个无法触及的遥远国度，洛夫克拉夫特成功地混淆了虚构和现实之间层次分明的关系。

将虚拟的学术研究连同真实的历史一道安插在故事中，由此产生的本体论异常现象类似于罗伯-格里耶（Alain Robbe-Grillet）、托马斯·品钦（Thomas Pynchon）和博尔赫斯（Jorge Luis Borges）的“后现代主义”小说所创造的效果。在洛夫克拉夫特的笔下，真实存在的现象与他自己的虚构具有相同的本体论地位，由此，现实化为虚构，虚构变成现实。格拉汉姆·哈曼盼望有朝一日洛夫克拉夫特会取代荷尔德林①，成为哲学家心目中至高无上的文学研究对象。或许我们也可以期待一下纸浆现代主义者洛夫克拉夫特取代后现代主义的博尔

① Johann Christian Friedrich Hölderlin（1770—1843），德国诗人，古典浪漫派诗歌的先驱，生前默默无闻，死后其作品才逐渐为人传诵，尤其是进入20世纪后，获得了以海德格尔为代表的哲学家的研究和推崇。

赫斯，成为用小说探索本体论之谜的一流虚构作家。洛夫克拉夫特以实例演示了博尔赫斯仅止于“转述”的故事：永远都不会有人相信皮埃尔·梅纳尔[①]版本的《堂吉诃德》存在于博尔赫斯的故事之外，却有不少读者联系过大英图书馆，想借阅一本《死灵之书》(*Necronomicon*)，即洛夫克拉夫特许多故事里频繁引用的古代传说书。洛夫克拉夫特通过仅向我们展示《死灵之书》的零星碎片，制造了一种“真实效果”。正因为他对这部恐怖魔典只言片语的提及，才使读者相信它必定真实存在。试想，假使洛夫克拉夫特真的编出了一部完整的《死灵之书》，它肯定远不像只作为二手引文出现时那般真实。洛夫克拉夫特似乎懂得引述的力量，一个被间接提到的文本看起来比一部直接呈现的原作更逼真。

这种本体替代造成的影响之一在于，洛夫克拉夫特不再享有作者对自己文本的最终所有权。如果文本已经脱离其作者，获得了某种独立性，那么洛夫克拉夫特作为其明面上的创造者的角色便退

---

① 《吉诃德的作者皮埃尔·梅纳尔》是博尔赫斯创作的一篇短篇小说，以一封书信的形式列举了作者虚构的人物皮埃尔·梅纳尔生前的全部作品，并着重介绍了其未完成的作品《吉诃德》。

居二线。他转而成为各种实体、角色和公式的发明者。真正重要的是他的虚构体系的连贯性——这种连贯性吸引了读者和其他作者共同参与其中。众所周知,除了德雷斯之外,克拉克·阿什顿·史密斯(Clark Ashton Smith)、罗伯特·E. 霍华德(Robert E. Howard)、布莱恩·拉姆利(Brian Lumley)、拉姆齐·坎贝尔(Ramsey Campbell)和其他许多作家都写过克苏鲁神话故事。通过将不同的故事编织成一个整体,洛夫克拉夫特把他的作品拱手让给了一个正在兴起的体系,在这个自成一体的系统中,他的信徒可以像他一样随心所欲地制定规则。

怪异与世俗的对立

H. G. 威尔斯

现在我想换一个角度，通过解读 H. G. 威尔斯(H. G. Wells)的短篇小说《墙中门》(“The Door in the Wall”)来探讨“怪异”。即便这个故事迥然不同于洛夫克拉夫特的作品，在我看来，它也带有强烈的怪异色彩。

故事的叙述者是雷德蒙，内容是他的朋友、政治家莱昂内尔·华莱士的经历。华莱士对雷德蒙诉说了一段童年记忆：小时候，他曾在伦敦西肯辛顿街的一面墙上看到过一扇绿色的门。不知为何，他被吸引了过去，想推开那扇门。一开始，他有些忐忑，觉得穿过此门是“不明智或错误”之举，但因为“一时冲动”，他压下了心里的种种担忧，冲进了墙中门。门外的花园有保罗·德尔沃(Paul Delvaux)或马克斯·恩斯特(Max Ernst)的超现实主义绘画感——那里弥漫着慵懒愉悦的气氛，他在那儿遇见的每一个人似乎都流露出溢于言表的善意。有些反常的东西——他看到了一对美洲豹，还有某种书籍，里面的图像“不是图片，而是现实”。没有人清楚这本书究竟是一个有魔力的物件，一种先进技术的展示，还是某种麻药催生的产物。但过了一会儿，他正在翻看这本书的时候，突然发现自己正望向“西肯辛顿一条灰暗的长街，在灯火点亮前寒意刺骨的黄昏时分，我在那儿，一个可怜的渺小身影，正在放声哭泣”。然而，出于说不清道不明的原因——为什么他没有立刻再穿过墙中门？——他无法马上返回门外。他又一次委身于俗世，陷入了“不能自已的悲伤”之情。

直到几年以后，华莱士才再次见到墙中门，这一次事出偶然。他“在卡姆登山背面的穷街陋巷里迷失了方向”，突然看到了那面长长的白墙和通往花园的门。不过，这一次他没有走进去。因为他感觉上学要迟到了，所以打算等以后有空的时候再来。华莱士犯了个错——他把门和花园的事告诉了学校里的几个朋友。他们逼着华莱士带他们过去，门却不见了踪影。

他年轻时还见过那扇门几次——有一次是在他去领取牛津大学奖学金的路上——但他的心思

又一次被日常生活的紧迫事务占满，于是从门边走了过去，没有进入其中。最近几年，随着他步入中年，那扇门再次让他魂牵梦萦，他开始担心自己再也见不到它了：

> 此后数年，事务繁忙，再也没有见过那扇门。直到最近，它才又回到我的脑海。它的出现仿佛薄薄一层污垢蒙上了我的世界。我可能再也看不到那扇门了，每思及此，我便黯然神伤。也许劳累过度让我有点承受不了了——也许这就是人们所说的人年过四十的感觉。我不知道。但可以肯定的是，我最近看事情不再心明眼亮了，所以做事越来越吃力……

不过他还是见到了那扇门——三次。但每一次他都过门而不入——因为他被重要的政务缠身，因为他正赶往父亲临终的病榻，因为他正在进行事关自己职位的谈话。当华莱士向雷德蒙讲述这一切时，他为自己未能进入那扇门而痛苦欲绝。后来，当雷德蒙再次得知华莱士的消息时，得到的是他的死讯，这并不叫人意外。他的尸体“在东肯辛顿车站附近的一个深坑里”被人发现。

为什么《墙中门》应被归类为怪谈？显然，不同世界的问题——不可通约的世界之间的接触——是该故事与洛夫克拉夫特作品的共通之处，而这个问题又一次把我们带回怪异的核心。如我们在上一章中开启的探讨所示，怪谈总是在向我们展示不同世界之间的阈限。《墙中门》，顾名思义，就是围绕这样一个阈限展开的。它的力量很大程度上来源于伦敦社会环境的世俗及琐碎日常——“他回忆了一些简陋肮脏的小店，尤其是一个水暖兼装修工开的商店，里面堆着乱七八糟的陶管、铅皮球阀、墙纸样品图册和搪瓷罐，到处都是灰尘”——与门外世界之间的对立。

洛夫克拉夫特的故事充满了分隔不同世界的阈限：出口通常是一本书（令人闻之色变的《死灵之书》），有时候就是字面意义上的门，比如在以兰道夫·卡特为主角的“银钥匙”（“Silver Key”）系列故事里。“漫威”（Marvel Comics）角色“奇异博士”（Doctor Strange）的故事深受洛夫克拉夫特的影响，门道和传送门在其中例行登场。大卫·林奇（David Lynch）的电影和电视作品同样对门径、帘子和门道情有独钟：正如我们后面会看到的，《内陆帝国》

(*Inland Empire*)就像是由不同世界的阈限构成的一个“多洞空间”,一个本体论意义上的兔子洞。有时,进入另一个世界只需重新调整比例:理查德·麦瑟森(Richard Matheson)的《不可思议的收缩人》(*The Incredible Shrinking Man*)证明了只要你变得足够小,连你自己家的起居室都能成为充满怪异奇观的骇人空间。

门、阈限和入口的中心性意味着之间(*the between*)的概念对于怪异来说至关重要。很显然,如果威尔斯的故事只发生在墙后的花园,那就产生不了任何怪异的氛围。(也正因如此,在C. S. 刘易斯的故事中,纳尼亚王国边缘的街灯柱会给人一种怪异的感觉,而纳尼亚本身却没有。)如果故事从头到尾都发生在门的另一边,我们就会置身奇幻类型的领域。奇幻模式将异世界自然化了。而怪谈却让所有世界都变得不自然,因为它暴露了这些世界的不稳定性和它们对外部的开放性。

相比洛夫克拉夫特的故事模式,《墙中门》有一个明显的不同点,那就是不存在任何非人类的实体。华莱士穿过那扇门之后,遇见了一些奇怪的生物,但它们看上去都是人类。这个故事的怪异感主要不是来自这些与世无争、充满善意的生命,这种怪异也无须任何“面目可憎的怪物”来烘托，后者却在洛夫克拉夫特的故事中占据了相当核心的位置。

洛夫克拉夫特和《墙中门》的第二个区别关系到悬念的问题。如我们所见，洛夫克拉夫特的故事几乎不带什么悬念感：我们读完并不会去寻思外部是否真的存在。《墙中门》的结尾则恰恰相反，雷德蒙发现自己的脑袋“被重重疑问和谜团笼罩”。他无法排除华莱士受到一种“没有先例的幻觉”缠身的可能性。华莱士要么是个疯子，要么是个“爱做梦的人、一个想象力丰富的空想家”。“我们看到的世界平淡无奇，”雷德蒙模棱两可地作结，“一如那围板和深坑。按照我们日常的标准，他走出了安全区，跌入了黑暗、危险和死亡。但在他看来是否如此呢？”

这就将我们带向了洛夫克拉夫特和这个故事之间的第三个区别：精神失常的问题。在洛夫克拉夫特的故事里，角色经历的任何一次精神失常都是与外部接触引发的超验性冲击所造成的后果，不存在精神失常导致角色感知到某种实体的问题（在这种情况下，该实体的级别显然会降低，它们将沦为谵妄的产物）。《墙中门》开放了精神病的可能性：有可能——尽管雷德蒙对此表示怀疑，他并不“十分坚信”——华莱士疯了,或被蒙骗了,抑或从混乱的童年记忆中捏造了整段经历(借弗洛伊德有关“屏蔽记忆”①的论文做一个区分,这里的童年记忆指对童年的记忆,而非来自童年的记忆)。华莱士本人则怀疑自己强化了一段童年记忆——重复梦见它——以至于彻底扭曲了它的本来面目。

但《墙中门》与洛夫克拉夫特作品最关键的区别可能还是在于,居于威尔斯故事核心的渴望与后者有质的不同。在洛夫克拉夫特的作品里,外部的正面诱惑力必然受到压抑、颠倒,并被转化为嫌恶与恐惧。然而,门外世界的吸引力闪耀在《墙中门》的字里行间。构建整个故事的关键冲突并不存在于自然和超自然之间——没什么迹象表明墙后的世界是超自然世界,尽管它无疑“被施了魔法”——而是平凡与神圣的对立。华莱士所说的“无法用语言描述的清澈透明的不真实质感,[不同于]充斥其四周的一般经验事物”,让人联想到鲁道夫·奥托(Rudolf Otto)在《论神圣》(*The Idea of the Holy*)

---

① Screen memory,精神分析术语,指人们对一些无害的、没有威胁性的童年经历的记忆,其内容通常是无关紧要的琐碎小事,却关联到某些重要的、具有威胁性的无意识记忆。弗洛伊德在 1899 年一篇题为《屏蔽记忆》(“Screen Memories”)的论文中探讨了这个概念。

一书中描述的"神圣"(numinous)特征。然而,无论是对华莱士还是对奥托而言,"无法用语言描述的清澈透明的不真实质感"都是在遭遇比"一般经验事物"更真实的事物时出现的。所谓"真实"并不是感觉真实,而是有关感知能力的提升,超越了普通经验的边界,不过对华莱士来说,"至少'墙中门'是一扇真实的门,透过一堵真实的墙壁通往永恒不灭的现实"。

米歇尔·维勒贝克(Michel Houellebecq)将自己写洛夫克拉夫特的书命名为《反抗世界,反抗人生》(*Against the World, Against Life*),但也许洛夫克拉夫特的敌意真正指向的是世俗,是凡庸生活的狭隘边界,而他的故事永远都在打破这一桎梏。对世俗种种弊病的攻击无疑是《墙中门》故事的驱动要素之一。"噢! 悲惨地回到了原地!"当华莱士发现自己"又回到了这个灰暗的世界"时,他抱怨道。他觉得自己之所以陷入抑郁,都是他向世俗的诱惑屈服所致。

当华莱士描述自己的悲伤时,他就像是被精神分析里的死亡冲动玩弄于股掌之中。"事实上——这件事无关于鬼魂或幽灵——但,说出来不可思议,我被附体了。我被什么东西附体了——它夺走了一切事物的光芒，让我充满渴望……”回想华莱士第一次遇见墙中门的情景，雷德蒙的脑海里浮现出“那个小男孩的身影，既被吸引又想逃离”（加了强调）。弗洛伊德正是用这种令人不快之物散发的矛盾吸引力来描述死亡冲动的。拉康及其追随者则描绘出了死亡冲动的奇怪几何形态，即欲望通过不断错过其公开的满足对象来延续自身——正如华莱士一而再、再而三地与墙中门擦肩而过，即便那扇门似乎是他最深切的渴望。墙中门和花园的引力让他在世俗生活中获得的一切满足与成就黯然失色：

> 现在我有了头绪，这一点就像是明明白白地写在他脸上。我有一张照片，抓到并凸显了他那冷漠疏离的神情。它让我想起一个深爱过他的女人曾经这样说他——“突然间，”她说，“他失去了兴趣。他忘了你的存在。哪怕你就在他眼皮底下，他也一点儿都不把你放在眼里……”

那扇门自始至终都是一道阈限，通往超越快乐原则的怪异之境。

“一身凌乱的触须”——怪诞与怪异

堕落乐队

“怪诞”(grotesque)一词源自15世纪提图斯浴场遗迹的发掘期间首次出土的一种古罗马装饰图案。这些新图案以其被发现于其中的“石窟”(grottoes)命名,由人和动物形状与叶子、花卉和水果相互穿插,构成了一幅幅奇幻的图案,无法联系到任何一个古典艺术门类。关于这些图案的同时代文字记载,我们可以在古罗马作家维特鲁威(Vitruvius)的拉丁文著作中找到。维特鲁威是奥古斯都手下一名负责罗马重建的官员,他的专著《建筑十书》(*On Architecture*)正是献给奥古斯都的作品。可想而知,此书狠狠抨击了对于怪诞的“不当品味”:“这种东西不存在,不可能存在,也从未存在过,”作者在描述人类、动物和植物的混合

> 图案时说道，“因为一根芦苇怎能支撑屋顶，枝形烛台怎能连接山墙屋顶的装饰？柔软纤细的草茎怎能顶起坐着的塑像？花朵和半身像又如何能交替着从根茎上冒出？可当人们看到这些虚假形象的时候，他们非但不加以谴责，反而为之叫好，也不去思考它们之中有哪一个是真实存在的。”
>
> ——帕特里克·帕林德，《詹姆斯·乔伊斯》(Patrick Parrinder, *James Joyce*)

如果说威尔斯的故事是阴郁系怪异的一个范例，那么通过思考怪异与怪诞之间的关系，我们可以一睹怪异的另一个维度。和怪异一样，怪诞亦唤起了某种不协调感。对于莫名出现的怪诞之物，人们的反应除了厌恶之外，还不乏嘲笑。菲利普·汤姆森(Philip Thomson)在其研究怪诞的著作中指出，怪诞的一个常见特征是可笑的元素和不与可笑兼容的元素同时出现。这种惹人发笑的能力意味着，也许最好将怪诞理解成怪异的一种特殊形式。难以想象一个怪诞的物体不给人怪异的感觉，但并非所有怪异的现象都让人觉得好笑——比方说洛夫克拉夫特的故事，其中仅有些许可有可无的幽默。

怪异和怪诞的融合在后朋克乐队“堕落”[①]的作品中得到了最佳体现。堕落乐队的作品——尤其是在1980到1982年间——充满了对怪异和怪诞的指涉。乐队这一时期的创作理念生动地反映在他们1980年的单曲《城市妖精》(“City Hobgoblins”)的封面图里,我们在其中看到了一幅被“来自古老林间绿地的流亡者”入侵的城市景象:一个狞笑的邪恶小鬼在一栋破旧的公寓楼上方现出身影。然而,这个妖精并不是自然地融入实拍场景,而是描在背景上的潦草简笔画。这是不同世界之间的战争,一场本体论之战,关于表现手法的斗争。从官方的资产阶级文化及其范畴的角度来看,像堕落这样的工人阶级、实验性、流行化、现代主义风格的乐队既不可能也不应该存在,而堕落乐队之所以值得瞩目,是因为他们用非同寻常的方式描绘了一套怪

① The Fall,1976年成立于英国大曼彻斯特郡普雷斯特维奇(Prestwich)地区的后朋克乐队,除主唱马克·E.史密斯(Mark E. Smith)外,乐队其他成员经历了多次变更,主要的长期成员包括鼓手保罗·汉利(Paul Hanley)、卡尔·伯恩斯(Karl Burns),吉他手马克·赖利(Marc Riley)、克雷格·斯坎伦(Craig Scanlon)和布利克斯·史密斯(Brix Smith),贝斯手史蒂夫·汉利(Steve Hanley)旋律优美的循环贝斯线被公认为塑造了乐队从20世纪80年代初到90年代末的标志性声音。

异与怪诞的文化政治。堕落创造了一种可以被称为流行现代主义的怪异风格,其中,怪异不仅塑造了作品的形式,还设计了其内容。怪谈与现代主义的怪异——它的陌生性、它对以往被认为无法通约的元素的组合、它的压缩性、它对通俗易懂的标准范式发起的挑战——及后朋克之声的全部晦涩和冲动融合在一起,形成了一种新的东西。

堕落乐队 1980 年的专辑《怪诞(根据克重)》(*Grotesque*[*After the Gramme*])正是集这种风格之大成,尽管其表现方式既隐晦又神秘。只有当你了解了本篇开头引用的帕林德对怪诞的描述,即怪诞最初指"人和动物形状与叶子、花卉和水果相互穿插,构成了一幅幅奇幻的图案,无法联系到任何一个古典艺术门类",像"黑果木面具""脸上有蝴蝶的人""鸵鸟头饰"和"浅蓝色植物头"之类不知所云的指涉才有意义可循。

《怪诞》里的歌曲是一段段故事,但都只讲了一半。碎片化的文字仿佛通过总是断线的不稳定无线电波传来。它们表达的观点混乱不明,作者、文本和角色之间的本体论区别遭到混淆,发生了断裂。没有办法将叙述者自己的话和直接引语明确地区分开来。这些曲目都是用一盘磁带反复重录的，音质糟糕，故意与乐队主脑马克·E.史密斯在故弄玄虚的封套文字里嘲讽的“咖啡桌”美学唱反调。录音过程中的杂音不仅没有被抹去，还被顶到了最前面，外层的音响嘶嘶声和不明所以的卡带杂音就像随意缝在汉莫弗兰肯斯坦①的怪物身上一样招摇。《节欲J的印象》（“Impression of J Temperance”）就是这样一首典型作品，在这个洛夫克拉夫特风格的故事里，一个犬繁育者的“丑陋复制品”（“棕色眼窝……紫色眼睛……以废品驳船上的垃圾为食……”）在曼彻斯特徘徊。这是一个怪谈，却经过了现代主义的压缩和拼贴技术处理。其结果让整个故事显得如此曲折隐晦，就好像这篇文字——半掩于淤泥、霉菌和水藻之中——刚刚从曼彻斯特通海运河里打捞出来，而史蒂夫·汉利的贝斯声听起来犹如在挖掘淤泥。

这里面无疑存在可笑之处，一种反其道而行的戏仿和嘲讽形式，让人不敢轻易给它打上讽刺作品的标签，尤其是考虑到近年来讽刺作品在英国文化中显现出的疲软苍白的形态。然而，在堕落的音乐

---

① 指以哥特恐怖片闻名的英国汉莫电影公司（Hammer Films）自20世纪50年代开始拍摄的“弗兰肯斯坦”系列电影。

里，讽刺仿佛回到了其怪诞的源头。堕落的笑声并非产生自常识统治的主流世界，而是来自一个精神失常的外部。这是属于吉尔雷[①]的幻梦模式的讽刺，嬉笑怒骂在其中化为谵妄，各种联想和敌意通过（精神错乱的）比喻喷涌而出，其真正指向的对象不是什么道德的沦丧，而是对于人类可能存在尊严的错觉。听到史密斯在《城市妖精》里用一句几乎听不清的歌词提及雅里的《乌布王》[②]，我们一点也不会感到惊讶："乌布王是个家庭妖精。"对雅里而言，淫秽和荒谬的不连贯性和不完整性是为了反抗理智的虚假对称性，对史密斯来说亦是如此。我们甚至可以大言不惭地说，怪诞正是人类的处境，因为人类这种动物已经脱离了动物界，成了自然界的怪胎，他们失去了自己在自然秩序中的位置，并学会将自然界的产物重新组合，创造出面目可憎的新形式。

《怪诞》里的声音糅合了混乱与纪律、（大脑的）文学与（无脑的）身体等看似水火不容的要素。这

① James Gillray，18 世纪后半叶的英国讽刺漫画家、版画家，以其讽刺政治和社会的蚀刻画闻名于世。

② *Ubu Roi*，法国现代戏剧怪才阿尔弗雷德·雅里（Alfred Jarry）创作的一部著名荒诞剧。

张专辑的结构围绕着平凡日常和怪异-怪诞之间的对立搭建而成。就好像整张唱片都是为了对一个假设性的臆想做出回应而设计的。假如摇滚乐并非诞生于密西西比三角洲,而是源自英格兰的核心工业区?《集装箱司机》("Container Drivers")或《火爆杰克》("Fiery Jack")里的山地摇滚乐[①]节奏被肉馅饼和肉汁拖慢,远走高飞的梦想受到了苦啤酒和小吃店茶水的致命污染。摇滚乐成了工人俱乐部的演出节目,由普雷斯特威奇一个拙劣的吉恩·文森特[②]的模仿者表演。"假如?"的设想破灭了。摇滚乐需要的是四通八达、无尽蔓延的高速公路,它永远都不可能从英格兰拥堵的环形公路和幽闭的大都市里萌芽。《北方将再次崛起》("The N. W. R. A. ","The North Will Rise Again")一曲以最直白的方式演绎了英格兰幽闭俗世和怪诞-怪异之间的冲突。整张专辑的所有主题都在这一曲中凝聚,它讲述了一个文化政治阴谋,其发展过程犹如将T. S. 艾略特(T. S. Eliot)、温德姆·刘易斯

① Rockabilly,又称山区摇滚,是流行于20世纪50年代的一种早期摇滚乐类型,是由美国南部黑人节奏布鲁斯融合了白人乡村音乐而形成的一种摇滚风格。

② Gene Vincent(1935—1971),美国摇滚乐先驱,山地摇滚代表性的音乐家之一。

(Wyndham Lewis)、H. G. 威尔斯、菲利普·迪克(Philip K. Dick)、洛夫克拉夫特和约翰·勒卡雷(John le Carré)的风格不可思议地堆砌在一起。故事的主角是罗曼·托塔莱(Roman Totale),一个通灵者和前卡巴莱歌舞表演者,满身触须。一般认为罗曼·托塔莱是史密斯的"另一个自我";事实上,史密斯之于托塔莱,正如洛夫克拉夫特之于兰道夫·卡特。托塔莱是一个角色,而非一种伪装。不消说,他无论如何都不像一个"丰满立体"的角色,而是近似于一种神话的载体,纸浆文学碎片之间的一条互文连接链:

> 所以 R. 托塔莱住在地下/远离折磨人的苦差事/头戴鸵鸟头饰/脸上乌七八糟,盖满羽毛/橙红与蓝黑相间的长线/一直垂到他胸脯/一身凌乱的触须/还有浅蓝色植物头。

《北方将再次崛起》的形式与有机的整体性无缘,一如托塔莱覆满触须的恶心身体。它是一个怪诞的混合体,由一堆互不相干的碎片拼贴而成。它的原型更接近于短篇小说,而非传说,整个故事以一个个插曲的形式,从多个视角讲述,各种风格和语气你来我往，众声喧哗：喜剧式的、新闻报道式的、讽刺的、小说式的，就好像洛夫克拉夫特的《克苏鲁的呼唤》被《尤利西斯》(*Ulysses*)的作者詹姆斯·乔伊斯重写了一遍，并压缩成了十分钟的篇幅。从我们能收集到的点滴信息来看，托塔莱身处一个阴谋的正中心——这个阴谋打从一开始就被渗透，被出卖——目的是让北方重振昔日荣光，或许是回到维多利亚时代的经济和工业霸主地位，或许是重现某种更古老的辉煌，又或是达成一项让以往一切成就都黯然失色的伟业。在史密斯的想象中，北方不仅事关地方对首都发起的抨击，更代表被都市高雅品味压制的一切：密传的、有悖常理的、俚俗的崇高之物，也就是说，怪异和怪诞本身。戴着“鸵鸟头饰”，身披“羽毛/橙红与蓝黑相间的长线”和“浅蓝色植物头”，一身不协调“怪诞”装束的托塔莱是这场怪异起义中自封的精灵王，最终却成了残废的渔王[①]，如同现代纸浆故事版的郝薇香小

① Fisher King，亚瑟王传说中的一位永生的国王，是圣杯的最后一个守护者。由于腹股沟受伤，他失去了性能力，无法继续履行职责，导致土地失去肥力，成为一片荒原。他只能在自己城堡的河边垂钓，等待被选中的骑士到来，得到传说中的圣杯以获得治愈，使大地恢复生机。

姐[①]被遗弃在一场永远不会发生的狂欢节的废墟中央，一个淌着口水的图腾，徒劳地向社会现实主义发起攻击，随着精神药物的药效减退，激情逐渐冷却，这位白日做梦的领袖再度失势，沦为潦倒的卡巴莱艺人。

史密斯在堕落乐队 1982 年的专辑《妖术涂层时间》(*Hex Enduction Hour*)中回归怪谈的形式，这又是一张充满怪异指涉的唱片。在歌曲《颚骨和气枪》("Jawbone and the Air Rifle")中，有个偷猎者不小心破坏了一座坟墓，掘出一块颚骨，它"带着一个诅咒的细菌/来自破裂兄弟五芒星教堂"。这首歌影射了一系列文本，包括 M. R. 詹姆斯[②]的故事《给好奇之人的警告》("A Warning to the Curious")和《吹哨吧，我会来找你》("Oh, Whistle, and I'll Come to You, My Lad")，洛夫克拉夫特的《印斯茅斯的阴霾》，以及汉默恐怖片和《柳条人》(*The Wicker Man*)，歌曲在一场幻觉/精神病的爆发中达

---

① 郝薇香小姐是狄更斯小说《远大前程》中的女性角色，在新婚当晚被抛弃，之后一直穿着婚礼当天所穿的婚纱生活在古堡中，几十年不见阳光。

② M. R. James(1862—1936)，英国著名学者、作家，生于英国肯特郡，先后担任过剑桥大学的国王学院及伊顿公学院长，以写作鬼怪故事闻名。

到高潮，还有一群挥舞火把的村庄暴民：

> 他看到街道上的颚骨/广告变成了食肉动物/修路工变成了颚骨/岛屿浮现于他的幻觉，覆着浓浓的黏液。/村民们围着预制板房跳舞/笑声从扭曲的嘴里发出。

《颚骨和气枪》跟英国喜剧团体"绅士联盟"(League of Gentlemen)的一套固定节目无比相似。绅士联盟谵妄的狂欢——屡屡引用怪谈，还经常将笑料与不好笑的材料凑在一起——远比大多数认真尝试将堕落的影响发扬光大的乐队更称得上是堕落的继承者。

与此同时，《冰岛》("Iceland")一曲则录制于雷克雅未克一间被火山岩环绕的录音室，堪称乐队与起源于这片冰封之境却正在消逝的北欧神话的一次接触。在这里，怪诞的笑声不复存在。这首歌朦胧而起伏，沉郁而哀伤，让人想起妮可(Nico)的专辑《大理石指针》(*The Marble Index*)中充满北极氛围的骨白色草原。当史密斯指引我们“将如尼咒文[1]施于你自己的灵魂”时,一阵呜咽的风(史密斯用磁带录制的声音)从声轨中呼啸而过,这又是一次对M. R. 詹姆斯的引用,出自他的故事《施下如尼的咒文》(“Casting the Runes”)。《冰岛》是为欧洲大陆日渐式微的怪谈文化中正在消逝的妖精、小鬼和岩洞巨怪谱写的一部《偶像的黄昏》(*Twilight of the Idols*),一曲哀悼巨兽与神话的挽歌,录音带记录下了它们消亡前最后的呼吸:

一盘献给克拉肯[2]的磁带
见证了最后的神人

---

① 如尼文字是一种古老而神秘的字符,古代日耳曼语系的符文字母。在使用拉丁文字以前,如尼文字是北欧、西欧和中欧的主要书写文字,亦是北欧文化与传承的重要组成部分,在古代常被用于在物品上做记号或者在一些祈祷用具上刻符咒。

② Kraken,北欧神话中一种潜藏于深海的巨型海怪,其形象通常被描述为章鱼或乌贼一样带触须的怪物。

囿于乌洛波洛斯之环

提姆·鲍尔斯

坦普尔顿一动不动地坐在阁楼上的房间里，入神地听着他那老式航海时钟富有欺骗性的无序滴答声，面对 JC·查普曼(JC Chapman)不见天日的雕版画陷入沉思。现在看来，这幅长期被认为是康德肖像的复杂图画，构成了他自身时序困境的一组令人不安的花押字。就像是对稳定框架的恶意戏仿，这幅画被乌洛波洛斯的奇异圆圈包围。乌洛波洛斯即宇宙之蛇，通过无穷无尽地吞食自身形成了一个数字8的形状，和莫比乌斯式的永恒。

——控制论文化研究组，《坦普尔顿插曲》(CCRU, *The Templeton Episode*)

人们……在科幻小说的“时间悖论”里，总

> 免不了从其符号化过程的基本结构中看到一种“实在界的幽灵”，即所谓内在的、向内翻转的数字8：一个循环运动，一种陷阱，在其中，我们前进的方式只有一种：在转移过程中“追赶上”我们自己，然后在一个我们曾经到过的地方遇见自己。悖论在于，如此多此一举的迂回，附带这样一个探索自我（“前往未来”）然后扭转时间方向（“进入过去”）的陷阱，不仅仅是主观地幻想或感知独立于幻觉存在的所谓现实中发生的客观过程。相反，这个附加的陷阱恰恰是所谓“客观”过程本身的一个内在条件，一个内在构成要素：只有通过这趟附加的迂回旅程，过去本身，即事物的“客观”状态，才能回到往昔，成为其一贯所是的存在。
>
> ——斯拉沃热·齐泽克，《意识形态的崇高客体》（Slavoj Žižek, *The Sublime Object of Ideology*）

时间旅行故事难道没有内含怪异的维度吗？说到底，时间旅行故事本质上就是把不该同时出现的实体和客体放在一起。在这里，不同世界之间的阈限是某种仪器，让人得以在不同的时期之间穿行——可能是一台时光机,也可能是一扇真正的门,穿越时间的门或闸门——怪异的效果通常表现为一种时代错误感。但如果是涉及时空悖论的时间旅行故事,则会触发另一种怪异的效果。时间旅行的悖论使我们陷入侯世达(Douglas Hofstadter)所说的"怪圈"或"缠结的层级结构",其中,因与果之间的有序区分被彻底打乱。

提姆·鲍尔斯[①]的《阿努比斯之门》(*The Anubis Gates*)是一个极富创造性的时空悖论故事,其参照的原型是罗伯特·海因莱因(Robert Heinlein)的《你们这些回魂尸》("All You Zombies")和《作茧自缚》("By His Bootstraps")。但也许《阿努比斯之门》最像的前身还是迈克尔·摩考克(Michael Moorcock)1969 年的中篇小说《瞧,那人》(*Behold the Man*),其中,卡尔·格洛高尔从 20 世纪 60 年代穿越回两千年前,最后重新创造了——或者说首次经历了——耶稣基督的一生,包括他的受难。

《阿努比斯之门》其实属于广义上的怪谈故事。虽然这部小说充满了对巫术、身体变形和异常实体

① Tim Powers(1952—),美国著名科幻小说家,《阿努比斯之门》是他荣获菲利普·迪克奖的代表作,也是最早的蒸汽朋克作品之一。

的指涉，但它怪异的氛围主要来源于地狱般无限循环的扭曲时间线。在《阿努比斯之门》中，学者布伦丹·道尔受到性情乖僻的富豪克拉伦斯·达罗的诱骗，参与了一场时间旅行实验。达罗时日无多，为了延长寿命，他孤注一掷地投身于一项规模巨大、看似疯狂的研究，在此过程中，他偶然间得知了19世纪初伦敦的一个民间传说："狗脸乔"的故事。经过苦心研究加上大胆推测，达罗认定乔是个能将自己的意识在不同肉体间转移的魔法师，但他窃取身体的行为也附带一个不幸的副作用：每当乔进入一具新身体时，这具偷来的身体几乎立刻就开始长出类人猿似的浓密毛发，因此过不了多久，它的新主人就不得不将它抛弃。出于不言而喻的原因，达罗想将这种歪门邪道的移魂秘术据为己有，他好像也有办法找出那位移魂魔法师，因为他的研究发现了时间之河里的"缺口"，只要穿过这样的门，就有可能回到过去。道尔扮演的是类似文学导游的角色，为达罗召集的一群参加时间旅行的超级富豪带路，他们此行的目的是看一场柯勒律治的演说，而这帮有钱人交纳的百万美金报名费将为这趟旅行提供资金。

抵达19世纪之后没过多久，道尔就被绑架到了一个块茎[1]式的伦敦地下世界,这地方有些像《雾都孤儿》(*Oliver Twist*),又像威廉·S.巴勒斯(William S. Burroughs)的《西方之地》(*The Western Lands*)(请原谅这个时代错误的比喻——《西方之地》真正的出版时间要晚于《阿努比斯之门》)。鲍尔斯的鬼魅伦敦——被他描绘得栩栩如生的末日景象让约翰·克鲁特[2]将《阿努比斯之门》称作"泰晤士河上的巴比伦朋克"——是埃及多神教巫术力量与不列颠死气沉沉的经验论实证主义势力相互冲突的战场,吉卜赛人、魔法分身、诗人、乞丐、摊贩、男异装癖……出没于其中。

过了一阵子,道尔迫不得已接受了他的"命运"——从文学类型的角度来讲,他的命运是通过科幻小说的手法推动,进入19世纪的流浪记[3]——也差不多放弃了回家的希望。他顺从天命,尽力去适应自己的19世纪生活,并认定最有希望让他脱

---

① Rhizome,法国哲学家吉尔·德勒兹(Gilles Deleuze)和费利克斯·加塔利(Félix Guattari)提出的一个概念,用来描述一种非层级、非树状的理论和研究方法。这里的"块茎"式的世界指像植物块茎一样向四面八方生长的无中心、无规则、多元化的地下世界。

② John Clute,加拿大作家、批评家,对科幻和奇幻文学的批评而闻名。

③ Picaresque,又称流浪汉小说,是发源于16世纪中叶西班牙的一种小说形式,一般以流浪汉或无赖为主角讲述市井生活或冒险故事。

离乞丐生涯的途径就是与威廉·阿什布利斯取得联系，后者是一位没什么名气的诗人，但道尔对他的作品了如指掌。

一天早晨，道尔去了牙买加咖啡馆，根据阿什布利斯传记作者的说法，这位美国诗人将在此写下他的史诗作品《夜晚的十二个小时》。指定的时间到了，阿什布利斯却未见踪影。道尔焦急地等待着，心渐渐沉了下去。百无聊赖中，他将记忆里的《夜晚的十二个小时》誊写了下来。

很快，他便卷入了更多的阴谋诡计，接下来一段时间，他把阿什布利斯的事抛在脑后。在一个与其说是怪异不如说是阴森的时刻，道尔听到，或者说以为自己听到了口哨声——有人在吹披头士乐队(The Beatles)的《昨日》("Yesterday")。又过了一两天，当他再一次听到《昨日》副歌的口哨声时，他才确定一件事：确实有不止一个 20 世纪的时空移民生活在这 19 世纪的伦敦。原来，他们是达罗的人，受命前来协助寻找狗脸乔。道尔见到了他们中的一个，此人是他以前的学生本纳，现在成了一个偏执狂，头发花白，面无人色，固执地认为达罗想要干掉他。他和道尔约好几天之后再碰面，可当他们又见面的时候，道尔发现他这位老相识的举止变得更古怪了。道尔后来明白了个中原因,但为时已晚。本纳的身体已被狗脸乔占据。直到它被乔抛弃,然后道尔发现自己到了本纳的身体里,这一事实方才变得清晰。

现在万事俱备,只待揭晓那个让道尔大惊失色的真相,但对读者来说已经没什么意外的了:道尔就是阿什布利斯。毋宁说:阿什布利斯并不存在(只存在于道尔的世界)。当道尔细细思索《夜晚的十二个小时》原稿的特异(反)时间状态时,他才开始领悟这件事的全部含义:

> 当他写下《夜晚的十二个小时》前几行时,他意识到,虽然他随手乱画的潦草字迹还保有他自己的风格,但他刚习惯的左利手却让他工整的书写字体发生了变化——尽管绝不陌生:因为它们跟威廉·阿什布利斯的字一模一样,这一发现并没有……让他太惊讶。等他把这首诗完完整整写出来之后,他已经可以确定,如果给1983年大英博物馆陈放的那份抄本拍照做一张幻灯片,它将会跟他的版本毫无偏差地重叠在一起,他的每一个逗号、每一个撇号都将完全覆盖原稿对应位置的字符。

原稿？他又惊又怕地想到。眼前这一摞纸就是原稿……只是比我在1976年看到的要新一些而已。哈！如果早知道那些笔迹是我留下的或者说以后会留下的，当时看到它我就不会那么大惊小怪了。不知它是在何时何地，又是如何沾上了我记得在前几页看到过的油渍。

突然间他灵光一闪。天哪，他想，要是我留下来并以阿什布利斯的身份度过余生——很显然，是宇宙的意志指引我这样做——那就没有人创作出阿什布利斯的诗了。我读过1932年版的《诗集》(*Collected Poems*)，所以能凭记忆把他的诗誊写下来，而我的抄本会被用来排版，印在杂志上，然后他们会从杂志里撕下一张张散页来制作《诗集》！整个过程是一个闭环，没有创造者！……我只是……信使和守护人。

正如与他同病相怜但更不幸的时间弃儿，《闪灵》(*The Shining*)中的杰克·托兰斯，道尔一直都是守护人。这里的“镜渊”①制造了一种怪异的气氛，其原因不只在于一件无中生有的事物带来的震惊，还在于让该事物得以存在的扭曲因果关系。(也许所有悖论都带有一丝怪异感?)

当道尔意识到——在某种层面上——解开他所遭遇的阿什布利斯之谜的钥匙不过是他自己，整个悬念就滑稽地瘪掉了。“如果早知道那些笔迹是我留下的或者说以后会留下的，当时看到它我就不会那么大惊小怪了。”然而悬念被打破之后，随之而来的是深深的恐惧与敬畏(那些诗歌没有创造者!)，这种剧烈的感情远远盖过了他原本对诗人的迷恋。

一旦道尔意识到他命中注定要成为阿什布利斯，也就是说，他早就是而且一直都是阿什布利斯，他立马面临一个两难的抉择：是按照他所说的宇宙的意志(是“宇宙”“想要”他以阿什布利斯的身份活下去)行事，还是不按？道尔面临的问题是，决定论远比意志恒定，哪怕是“宇宙”的意志也无法与之匹

---

① Mise-en-abyme，源自纹章学的一个法语词，被法国作家安德烈·纪德发展成了一个常用于文学艺术领域的理论，其字面意思是“置于深渊”，指映像在多个镜面中的反复复制，制造出如无尽深渊般的镜中镜效果，在文学作品中也可以理解为“戏中戏”的意思。

敌。他的大脑接受不了他未来将作为阿什布利斯经历的一切全都已经在过去发生。无法面对这一点的障碍是超验的：主体性本身就预设了事情还有其他可能性的幻觉。作为一个主体意味着除了自由之外，你想象不出自己还有别的存在状态——哪怕你明知道自己并不自由。“另一个过去”的假设看似自然而然浮出水面，支持了道尔的假想：为了开放这种可能性，即现实也许没有按照已记录在案的阿什布利斯传记发展，道尔就不得不思索他是否曾阴差阳错进入了跟他看过的书面记录不一样的“另一个过去”。然而整个悖论在于，正是道尔提出的“另一个过去”的假设证明了他确实是在按照已发生的历史行事。阿什布利斯成了他已经成为的英雄，恢复了一套从未受到威胁的秩序。一切照旧；只是现在，如道尔和读者所知，发生了一件怪异的事。

模拟现实和脱离世界

赖纳·维尔纳·法斯宾德和
菲利普·K.迪克

怪圈还创造了另一种怪异的效果。这里所说的怪圈不仅包含我们在上一章探讨过的有关时间循环故事的因果纠缠，还涉及本体论层次的混淆。布莱恩·麦克黑尔(Brian McHale)在其《后现代小说》(*Postmodernist Fiction*)一书中花了大量篇幅分析此类混淆。本应存在于本体论"低级"层次的事物突然出现在更高一级(模拟世界里的角色突然出现在创造模拟的世界中)，或者本应处于本体论"高级"层次的事物下降了一级(作者与其创造的角色互动)。艾舍尔的图画展现了这种怪圈的悖论空间。这种艾舍尔风格有着显而易见的怪异感，而它本质上关乎一种错误的感觉：层次被打乱了，事物从其本该存在的地方消失了。

尽管麦克黑尔实际上是在说菲利普·迪克——我们马上就会谈到他——但他讨论的很多

文本都是在一种文学-元小说的语域呈现不同世界的混淆。现在我想谈谈两部文本，它们都处于科幻小说类型的边缘地带，都以一种非常怪异的方式探讨了模拟或嵌套世界的问题。

让我们先来看看《世界旦夕之间》(*Welt am Draht*)，1973 年西德广播电视台(Westdeutscher Rundfunk)公共电视频道制作的影片，分为上下两部。它改编自丹尼尔·F. 加卢耶(Daniel F. Galouye)的科幻小说《幻世- 3》(*Simulacron*-3)，改编者正是赖纳·维尔纳·法斯宾德(Rainer Werner Fassbinder)。

影片开场的一段情节围绕一面镜子展开：精神显然失常的"幻世"(Simulacron)项目负责人沃尔默教授在他的同事面前疯狂地挥舞着一面小手镜，说道："你只是别人眼中看到的你的影像。""幻世"项目创造了一个计算机生成的世界，里面的居民被称为"身份单元"，这些"身份单元"相信自己是真实的人类。沃尔默死了，程序员斯蒂勒取代了他的位置，并很快陷入导致沃尔默发疯的谜团——他们所处的"真实世界"亦是模拟现实，由一个"更真实"的上层世界搭建。

影片极具氛围感的社会场景似乎印证了沃尔

默的想法,即我们只是被感知的映像。全片几乎没有一幕不出现反光的镜面,有些最令人难忘的镜头展现了倒影中的倒影,无限倒退的拟像(simulacra)。群众场景里的背景人物有一种定格了的奇怪亢奋感,犹如舞台剧的观众。开始有一幕活像从布莱恩·费瑞[1] 20 世纪 70 年代初的一张专辑封套延伸出来的场景:在一派纸醉金迷的气氛中,商业界和文化界的精英们站在一个游泳池旁边,或像模特一样来回踱步,或像偷窥狂一样瞪大双眼,水面反射的光线在当时还算是未来主义风格的室内装潢表面快速移动。

正如安德烈·塔可夫斯基(Andrei Tarkovsky)在《索拉里斯》(*Solaris*, 1972)和《潜行者》(*Stalker*, 1979)(我们后面会讨论)中对科幻小说的诠释,法斯宾德对某些科幻传统的背离也给《世界旦夕之间》注入了一种特别的冲击力——尤其是在《星球大战》(*Star Wars*)和《黑客帝国》(*The Matrix*)上映以后。后两部影片都以特效著称,《世界旦夕之间》却没有什么视觉效果可言。它最突出的“效果”

① Bryan Ferry(1945—),英国摇滚歌手,华丽摇滚先驱乐队罗克西音乐(Roxy Music)主唱。

还要数“电音工坊”[①]式一惊一乍的电子音乐，音符不规则地波动，冷不防喷薄而出，它像现实本身的一条裂缝，闯入了法斯宾德自成一格的自然主义。

在《世界旦夕之间》里，怪圈的创造者是“爱因斯坦”，“幻世”中的身份单元，控制论与未来科学研究所的研究人员通过他与“幻世”创造的模拟世界直接沟通。为了执行这一联络功能，爱因斯坦自然需要明白自己是一个仿真人。但这一认知不可避免地创造了想要攀升至“真实”世界的欲望——正如影片所暗示的，这一欲望永远得不到满足。

《世界旦夕之间》开启的本体论恐怖——我们自身所在的世界是不是一种模拟？——通过菲利普·迪克的诸多改编者及其效仿者传播开来，如今已不足为奇。《世界旦夕之间》虽然并非改编自迪克的小说，却比许多官方的改编作品都更接近迪克愤世嫉俗的讽刺风格，尤其是它描绘的三层嵌套世界，每一层都是一样的了无生趣。事实上，我们仅仅见过“下层”世界（“幻世”内部的世界）的冰山一

① Radiophonic Workshop，英国广播公司（BBC）的音效部门之一，创建于1958年，为广播节目和后来的电视节目制作音效。该部门以其在电子音乐和音乐技术方面的实验性和开拓性工作而闻名，并在20世纪50—60年代为《神秘博士》等节目制作了广受欢迎的配乐。

角,而对"上层"世界(比一开始被我们当成现实的世界更高一级),我们几乎一无所知。下层世界展现给我们的只有短短几幕酒店大堂的场景和卡车司机的驾驶室内部。然而在电影的高潮部分,上层世界的显现——或者说隐而未现——却成就了全片最令人震惊的时刻。我们并没有看到某种诺斯替主义的变形,而是发现自己在一座极其普通的办公楼,置身于一间看上去像是会议室的房间。一开始,电动百叶窗是拉下来的,姑且保留了一种可能性,即一旦拉起叶片,一个奇妙的——或者至少是奇怪的——世界就会出现在我们眼前。可等到百叶窗终于升起,我们看到的仅仅是和其他世界一样的灰暗天空和城市景象。斯蒂勒——此刻他的名字显现出了一层特别的意义①——已经达成了他明面上的目的(攀登到"上层世界"),却没有"移动"。芝诺②式状态以本体论焦虑的形式继续存在——预演了后来《盗梦空间》(*Inception*)中毁掉了梅尔的心魔——并遵循冲动的怪异拓扑结构:一旦斯蒂勒

---

① 斯蒂勒的英文是"Stiller",也有"更加静止"之意。

② Zeno,古希腊数学家、哲学家,提出了一系列关于运动的不可分性的哲学悖论,即著名的芝诺悖论,以反证他的老师巴门尼德关于存在是静止不动的、连续不可分的观点。

对他原本所属的“生活世界”[①]的信任被打碎，他就不可能再百分之百地相信任何一种现实。

三个世界之间的差异无法从（无论是角色还是观众的）经验层面上得到理解，似乎法斯宾德在《世界旦夕之间》中的创造物完美契合达科·苏文[②]的著名定义，即科幻小说是“认知抽离”（cognitive estrangement）的艺术。斯蒂勒逐渐意识到了世界的模拟本质，而他身边的每一个人都把它当成现实，这种状况激起了一种认知的抽离，其程度之剧烈足以导致精神崩溃。他的体验在内容上没有任何方面的变化，但由于现在被归入了模拟的范畴，以至于发生了精神错乱式的变形。不过，正如迪克的小说中常常出现的情形，精神病人的立场往往也是真相的立场。

“认知抽离”在这里表现为脱离世界（unworlding），一种如坠无底洞的感觉分离，即无法感觉到

---

① Lifeworld，德国哲学家埃德蒙德·胡塞尔（Edmund Husserl）提出的一个哲学概念，指我们生活在其中的不证自明的、主体可以共同体验的世界。在胡塞尔现象学中，生活世界是所有现象学研究的基础。

② Darko Suvin，出生于克罗地亚的当代著名科幻文学研究专家，对西方现当代科幻文学的研究产生了重要影响，其代表作为《科幻小说变形记：科幻小说的诗学和文学类型史》（*Metamorphoses of Science Fiction: On the Poetics and History of a Literary Genre*）。

任何一个可以作为基准或标准以确定并验证终极实在的“基本”层次。这部电影制造了一种你可以称之为认知性怪异的效果，因为这种怪异并不能直接看到或感受到；这是一种认知上的印象，通过让影片形式上的现实主义脱去现实感得以实现。

菲利普·K.迪克出版于1959年的《时间脱节》(*Time Out of Joint*)也演绎了一出相似的现实主义抽离戏码，并呈现了另一个版本的脱离世界的故事。这部小说的非凡之处在于，迪克精心构建了一个“现实主义”的美国小镇。就在世界上第一家迪士尼乐园开园两年后——迪克后来成了洛杉矶迪士尼乐园的常客——这部小说将文学现实主义当成了一条迪士尼化的途径。在一个经典的迪克式本体论眩晕时刻，小说里煞费苦心描绘的小镇最终揭开了真面目：一个由纸板糊成的建筑外立面、催眠暗示和阴性幻觉(negative hallucinations，我们稍后再回过头来谈谈阴性幻觉的问题)组成的复杂系统。这样的结局不仅很容易从科幻的角度分析，也不难从批判性的元小说视角来解读，因为，现实主义小说中的背景设定不就是同样一套系统吗？如果作者不借助文学领域里对应的模拟技巧，又如何能达到“真实效果”呢？总之，在《时间脱节》中，现实主义的机制被重新描绘成了一套特效。

在这部小说中，怪异的感觉并非产生于不同世界的碰撞，而是来自离开“现实”世界进入“非世界”（unworld）的过程。降格为模拟的现实世界与其说是受到入侵，倒不如说被抹消了。小说中，整个小镇场景被构建成了一个诡计，一套舒适的环境，主人公在里面可以进行政府的高压军事作业，同时以为自己只是在参加一场小小的报纸竞赛。不过对于迪克而言，科幻元素显然只是一种掩饰，让他能顺理成章地以一种自然主义手法描写 20 世纪 50 年代的美国。它们是框架装置，让《时间脱节》达成了迪克的纯现实主义小说未能办到的事。

在《后现代主义或晚期资本主义的文化逻辑》（*Postmodernism, or the Cultural Logic of Late Capitalism*）一书中，詹明信（Fredric Jameson）捕捉到了《时间脱节》引起的一种独特的怀旧之痛，对当下的怀旧，身处 20 世纪 50 年代尾巴上的迪克通过罗列那十年里的种种刻板形象达到了这一效果：

> 艾森豪威尔总统中风;美国“主街”[1];玛丽莲·梦露;左邻右舍和家长教师联合会的世界;小型零售商店(卡车从外面运来产品);最爱看的电视节目;和隔壁主妇无伤大雅的调情;游戏节目和比赛;直接从头顶上方绕过的人造卫星,只是天空中闪烁的光点,难以与客机或飞碟区分开来。

(梦露其实是导致模拟小镇解体的异常现象之一,因为她本来没有被纳入重新构建的20世纪50年代的世界,直到主角在“城市边界线之外”的一片荒地上发现了我们的50年代遗物,即一些腐烂的杂志时,她才第一次出现在主角眼前。)

值得注意的是,迪克早在1959年就识别出了20世纪50年代美国的典型特征,如今回过头来看,它们全都成了那十年的象征。迪克叫人叹服之处并不在于预见未来的能力——他小说里的1997年融合了一些普通的科幻梗,远不如它所嵌套的看似虚假的50年代那么有说服力——而是在于他对未

① Main Street,与华尔街相对应的一个美国经济概念,指金融体系之外的代表美国实体经济的传统产业和行业。

来会如何看待 50 年代的想象力。在他的构想中，20 世纪 50 年代成了一座主题公园：一次众所期待的重构。迪克的模拟小镇并不像迪士尼[①]对 20 世纪初期的回忆那般浮华，恰恰相反，它被赋予了詹明信所说的自然主义的“卷心菜臭味”：

> 幸福的哀愁……马库塞的虚假幸福，新车、冷冻快餐、窝在沙发上看你最爱的电视节目所带来的满足——现在反倒成了一种隐秘的哀愁，一种无以名状的苦闷，这种满足无法与真正的满足感和成就感区分开来，因为它可能从未与后者相遇过。

在这个不温不火的世界里，环绕着的不满隐匿于明处，表现为冰箱、电视机及其他耐用消费品散发的朦胧不适感。被降级为人造模拟以后，这个悲惨世界的生动性和可信度——悲惨本身也增强了可信度——不知为何变得愈发强烈。虽然世界是模拟的，我们却依然觉得真实。

---

① 指迪士尼公司的创始人华特·迪士尼(Walt Disney)，位于加州的世界上第一家迪士尼乐园由他本人创办。

在迪克的作品中,最具冲击力的一些段落都存在着本体论中断:一种脱离世界的创伤性状态,尚未被赋予叙事动机;一个悬而未决的空间,有待被重新纳入另一套符号体系。在《时间脱节》中,这种本体论中断的表现形式是一幕不同寻常的场景,其中,看似平淡无奇的自然主义日常事物——加油站和汽车旅馆——几乎扮演了纳尼亚森林边缘的街灯柱的角色,只不过是其阴性版本。与刘易斯的街灯柱不同的是,这些客体不再是新世界阈限的标志;相反,它们是旅途中的驿站,而这趟旅途则通往实在界的沙漠,一片不属于任何既存世界的虚空。随着小镇边缘的加油站进入视野,文学现实主义背景里的摆设突然浮现在前景之中,于是到了一个物神显灵的时刻,周围景物的熟悉感陡然变得陌生:

> 房屋变少了。卡车驶过加油站、装潢俗丽的咖啡馆、冰激凌摊和汽车旅馆。汽车旅馆队列的沉闷行进……就好像,雷格尔心想,我们已经行驶了一千英里,现在才刚刚进入一个陌生的城镇。没有什么景象能像你自己城市边上的一列加油站——打折加油站——和汽车旅馆那样陌生、荒凉、令人不适。你认不出这

个地方了。与此同时,你又必须敞开胸怀接纳它的存在。不只是一个晚上的事,只要你打算在自己生活的地方继续待下去,你就得一直接受。但我们不打算继续住在这里了。我们就要离开。永远地离开。

这段情节就像爱德华·霍珀(Edward Hopper)的风景画褪变成了萨缪尔·贝克特(Samuel Beckett)笔下的场景,自然(主义)景观退场,换上了一幅被清空的单调画面,一块近乎抽象的极简空间,虽然里面不再有人存在,却依然工业化和商业化的世界:"最后一个十字路口,一条小路,服务于被划出城市核心区域的产业。铁路轨道……他发现那里停着一列无限长的货运列车。装化学品的圆桶悬在工厂上方耸立的高塔上。"就好像迪克正在一点一点地清除文学现实主义的固定装置和配件,以便为他在前几页描述过的脱离世界铺平道路:

空洞的外在形式取代了实质;阳光并非真正灿烂,白天没有一丝真正的温暖,而是阴冷、灰暗,下着无声的雨,不停下雨,一切都蒙着一层可恶的灰烬。不见青草,只有焦黑的树桩,断裂开来。污水池……生命的骨架,十字形支架上挂着快要散架的白色稻草人。咧嘴笑着。空洞替代了眼睛。可以看透……整个世界。我从里面看向外面。透过一道裂缝窥视,看到的是——空无一物。看进它的眼睛深处。

幕帘和洞

大卫·林奇

大卫·林奇最新的两部电影——《穆赫兰道》(*Mulholland Drive*)和《内陆帝国》(*Inland Empire*)——呈现了一种激烈、紧凑的怪异感。林奇更早期的作品，包括电影《蓝丝绒》(*Blue Velvet*, 1986)和电视剧《双峰》(*Twin Peaks*, 1990—1991，第三季目前正在制作中)在内，虽然常常叫人摸不着头脑，乍看之下却都有一种表面上的连贯性。就《蓝丝绒》和《双峰》而言，至少在一开始，它们都围绕着一个理想化、刻板印象化的美国式小镇(与迪克在《时间脱节》中描写的那个小镇并没有什么不同)与各种各样的异世界或地下世界(犯罪、密教)之间的对立展开。不同世界之间的划分总是以林奇作品中频繁出现的视觉元素之一——幕帘——为标志。幕帘既遮盖，又暴露(绝非巧合，它们遮盖并暴露的事物之一就是银幕本身)。它们不仅象征着一个阈限,还构成了一个阈限:一个通向外部的出口。

在 2001 年上映的《穆赫兰道》中,构成《蓝丝绒》和《双峰》的稳定对立结构开始崩塌。毫无疑问,其原因之一在于镜头从小镇背景移开了,新的焦点转到了洛杉矶。林奇对梦及其相关物一如既往的痴迷现在受到好莱坞梦工厂制造的媒介化梦想的进一步折射,并成倍放大。好莱坞的背景催生了许多嵌套世界——戏中戏(也可能是戏中戏中戏)、试镜、被扮演的角色、幻想。每一次嵌套都内含脱离嵌套的可能性,正如一个被公认处于本体论较低层次的事物伺机摆脱其从属地位,并寻求向更高层次的突破:来自梦境的虚构物逾越到清醒生活;试镜与周围所谓真实世界场景里发生的互动一样逼真,至少看上去如此。然而,在《穆赫兰道》里——片名显示为一个简称(*Mulholland Dr*),隐隐指向了"穆赫兰的梦"(*Mulholland Dream*)——似乎存在一种势不可挡的趋势,即朝着反方向移动:与其说梦境被当成了现实,倒不如说一切看似真实的现实都陷进了一个梦里。可那究竟是谁的梦呢?

对《穆赫兰道》的"标准"解读认为,电影前半部分是郁郁不得志的小演员黛安·塞尔温(娜奥米·沃茨[Naomi Watts]饰)的幻想/梦,而她的真实生活据说在电影后半部分展现出了其平凡肮脏的全貌。在电影的前半部分,贝蒂帮助一位失忆的褐发女子(劳拉·哈灵[Laura Haring]饰)——一次谋杀未遂的受害者——寻回自己的身份。褐发女子化名为"丽塔",这个名字来源于她从一张电影海报上看到的丽塔·海华斯(Rita Hayworth),之后她与贝蒂发展成了恋人。到了电影后半部分,"丽塔"摇身一变,成了功成名就的女演员卡米拉,也是黛安嫉恨的对象,而落魄、厌世的黛安则住在好莱坞一间寒碜的公寓里。黛安雇了一个杀手去杀卡米拉,然后貌似饮弹自尽。根据对这部影片的标准解读,野心勃勃的女演员贝蒂——她似乎不只是从小镇来到好莱坞,还来自过去(她刚刚赢得了一场吉特巴[①]舞蹈比赛!)——是黛安理想化的自我形象。构建了《蓝丝绒》和《双峰》的冲突,即理想化的地方城镇与(诸多)地下世界之间的对立,现在变成了两个人物之间的对立:不谙世事的小镇姑娘贝蒂与饱受生活毒打的洛杉矶居民黛安。

① Jitterbug,20 世纪初美国流行的一种舞蹈。

在一篇题为《好莱坞的双重梦想》(“Double Dreams in Hollywood”)的网络评论中,武本蒂莫西(Timothy Takemoto)指出,这种标准解读的问题之一在于,影片的后半部分也具有独一无二的梦境氛围,并充满了夸张的戏剧化修辞,就像前半部分一样。“一个住在好莱坞破旧公寓里的女人怎能跟一个即将与名导演结婚的电影明星有染?她又是从哪里搞到雇用杀手的钱的?”武本认为,影片的前半部分和后半部分都是梦境。做梦的人不是黛安,“真正的做梦者身在别处”,而贝蒂/黛安和丽塔/卡米拉都是这个(未现身的)做梦者分崩离析的精神碎片。

不论这个观点正确与否,我认为武本至少说对了一件事,即《穆赫兰道》中有两个场景值得给予特别关注:餐馆里有关梦的场景和静寂俱乐部(Club Silencio)的场景(可能是全片中最有冲击力的片段)。在餐馆的场景里,一个叫丹的男人正在与一个看起来像是心理医生的人谈论一个他做过两次的梦。那个梦就发生在他们当时所在的餐馆(日落大道上的温基餐馆)。在梦里,丹被一个满脸焦黑的疤面人吓到,此人就潜伏在餐馆后面的僻静角落。为了战胜梦的力量,两人走到店外,去了餐馆后面,果然看到那个疤面人在那里——丹瘫倒在地,也许是晕过去了,也许死掉了。

充满矛盾魅力的静寂俱乐部场景是连接影片前后两部分的通道。静寂俱乐部悬挂着红色的幕帘,俨然是一个阈限空间。贝蒂和丽塔进入了俱乐部,却没有完全从里面走出来,随后她们就被黛安和卡米拉替换/取代了。我用矛盾魅力来形容这一幕,因为它表面上是在解开悬念。犹如马格里特[①]的作品《这不是一支烟斗》(*This Is Not a Pipe*)的电影版本,静寂俱乐部那场演出一方面告诉我们,我们所见到的是一个幻觉,另一方面又向我们表明我们无法把它当成幻觉。静寂俱乐部的主持人似乎身兼魔术师和主持两种角色,他反复告诉观众(静寂俱乐部里的观众和观看《穆赫兰道》的观众):"没有乐队。一切都事先录制好的。这只是一盘磁带。一个幻觉。"一个男人从红色幕帘后面出现,作势在吹一支被消音的小号;他把小号从唇边移开,但音乐仍在继续。当歌手瑞贝卡·德·里奥看似

① René Magritte(1898—1967),比利时超现实主义画家,其作品常常将某个普通或熟悉的物品放在与之毫不相干或是陌生的情景中,从而产生怪异的视觉效果。他最有代表性的超现实主义画作之一是一幅写有"这不是一支烟斗"(Ceci n'est pas une pipe)的烟斗画。

伤心欲绝地演唱起了罗伊·奥比森(Roy Orbison)的《哭泣》("Crying")时,其富有力量的表演让我们为之动容。因此,在德·里奥倒下而音乐仍在播放的那一刻,我们不由大吃一惊。在我们内心深处,有某种东西驱使着我们将这场表演当成现实。

毫无疑问,在电影史上所有描述幻觉的情节中,再也找不到比静寂俱乐部里的场景更不加掩饰,也更以假乱真的假戏了。我们所看到、听到的——电影本身——的的确确是一部录制品,仅此而已。从最老套的层面上来讲,这正是"电影魔法"必须掩盖的基础构成材料。然而,这场戏令人难以忘怀的原因并不在于此。它指向了在我们的主体性中发挥作用的无意识机制:一旦我们身不由己被吸进"静寂"的幻觉(同样是电影的幻觉),我们就成了吸引我们的录影本身。然而这种幻觉不仅仅是简单的障眼法。就像丹在餐馆里的那场戏一样,静寂俱乐部的场景也在提醒我们,梦和"幻觉"不过是导管,将我们导向平常无法面对面接触到的实在界。梦不仅是唯有自我存在的内部,更是一个能让通往外部的"红幕帘"拉开的领域。

无论如何,也许我们最好还是不要强行赋予《穆赫兰道》以逻辑。并不是说本片应被看成一个公开的标的物，向所有可能的解读开放。恰恰相反，这意味着任何企图打通影片盘根错节的沟回和死路的尝试都只会消解它的奇怪性、它形式上的怪异感。在这里，怪异感产生的原因之一在于，整部影片给人的感觉就像是似曾相识的好莱坞电影类型的一个“错误”版本。罗杰·埃伯特[①]评论道：“没有谜底。甚至有可能不存在任何谜团。”也许《穆赫兰道》是一个谜团的幻觉：我们只是迫不得已才将它当成一个可以解开的谜，才对其“错误性”、无解性视而不见，一如在静寂俱乐部里，我们被迫忽略了表演的幻觉实质。

在林奇2006年的电影《内陆帝国》里，我们在《穆赫兰道》中看到的那种滑落、松散和谜样的风格似乎变本加厉，就连理清线索的可能性都不复存在了。尽管《内陆帝国》不乏对其他影片的借鉴，但它就算是从表面看，也不与任何好莱坞模板雷同。如果说怪异本质上关乎阈限，那么《内陆帝国》就是一部看上去以门道为主要构成要素的影片。对《内陆帝国》的最佳解读都准确地点出了该片如迷宫、如

① Roger Ebert，美国影评人、记者、编剧，美国有史以来第一位获得普利策奖的影评家。

兔子洞般的安那其建筑[①]。然而其中涉及的空间是本体论意义上的，而不仅仅是物理学上的。影片中的每一条走廊——《内陆帝国》中出现了许多林奇标志性的走廊——都有可能成为连接另一个世界的阈限空间。但没有一个角色——说到《内陆帝国》中走马灯似的人物、臆想和碎片时，“角色”一词显得极其不恰当——可以在穿越到异世界之后还保持原来的自我不变。在《内陆帝国》里，你就是你所置身的世界，无论那是怎样一个世界。

影片中有一个显著的符号，它属于另一种类型的阈限：洞。香烟在丝绸上烧出的洞；阴道壁上通往肠道的洞；螺丝刀在胃里钻出的洞；兔子洞；记忆里的空洞；叙事中的漏洞；作为绝对空白的洞，是缺口，也是隧道，地狱般的一团块茎中的连接线，块茎的任意一个部分都有可能向其他部分坍塌。香烟烫的洞可以充当全片病态心理地理学的一个转喻。这个丝绸上的洞是一个意象，象征着摄影机及其分身，即旁观的眼睛——在《内陆帝国》中，它们的凝视总是来自窥淫癖的局部化视角。

---

① Anarchitecture，美国艺术家戈登·马塔-克拉克(Gordon Matta-Clark)的建筑实验，其字面上的意思是“反建筑”(anti-architecture)，也可理解为“安那其/无政府主义建筑”(anarchy-architecture)。

在《内陆帝国》中，世界的生命力急剧流失，以至于我们可以讨论的不再是错乱的世界层级，而是一个受到长期性本体论式下沉影响的领域。影片起初看上去是在讲一个女演员尼基·格雷斯（劳拉·邓恩[Laura Dern]饰）的故事，她将要在一部名为《在蓝色明天登上高处》（*On High in Blue Tomorrows*）的电影里扮演一个叫苏的角色。然而，不仅这两个人物形象是不稳定的，就连让苏比尼基"更不真实"的世界层级也绝非稳固。最后，苏似乎完全吸收了尼基这个人物，而且她也不存在于任何一部将以《在蓝色明天登上高处》为名的电影里。"不具备主体性的自反性"，对无意识的这一绝佳描述也无比符合《内陆帝国》的迂回曲折。尼基·格雷斯和邓恩扮演/格雷斯寄生（或分裂成）的其他一堆角色就像是去心理化的替身：我们不得不视之为谜的洞，哪怕显然（对我们而言，即便对他们而言并非如此）不存在任何解谜的希望。

"故事里有些东西跑到外面来了。"我们得知有一部正在重新制作尼基·格雷斯的片中片的波兰电影。《内陆帝国》看起来常常像一串脱离了一切现实基础的梦的连续片段，一个没有做梦者的梦（事实上，一切梦莫不如此，因为无意识并非主体），其中没有任何框架是稳固的,所有嵌套的尝试均以失败告终。从心理学的角度解开影片的谜题(换句话说,就是将异常现象归因于一个或多个角色的意识错乱生出的幻觉)无疑对我们有巨大的诱惑力,但如果要忠于这部电影的独特性,我们就应当将这种诱惑拒之门外。比起在(角色)内部寻找开启这部电影的最终钥匙,我们更有必要关注《内陆帝国》怪异的建筑结构中无处不在的奇怪褶皱、洞穴和通道,在这里,没有任何一个内部空间能够长时间稳定存在,通向外部的门道几乎可以在任何地方打开。

阴森篇

认识阴森

究竟什么是阴森？对阴森的思考为何重要？如同怪异，阴森作为一种特殊的美学体验，本身就具有值得我们认真思考的价值。虽然这种体验肯定是由特定的文化形式诱发的，它的起源却并不在于此。你可以说某一类故事、某一类小说、某一类电影唤起了阴森的感觉，但这种感觉并不属于文学或电影的创造物。就像怪异的情况一样，我们经常能碰到“自然状态下”的阴森感，它无须借助任何具体形式的文化中介传达。比方说，阴森感无疑会附着在特定类型的物理空间和景观上。

阴森和怪异的感觉有很大差别。要理解这种差别，最简单的途径就是通过思考在场和不在场之间（高度形而上学）的对立——或许也是一切对立之中最基本的一种。正如我们在前面看到的，构成怪异的是一种在场——不属于这里的事物的在场。在一些怪异的案例里（比如洛夫克拉夫特迷恋的那种)，怪异的特征是一种超出认知的在场，一种超过我们表征能力的涌现。相比之下，阴森则由不在场的失败(*failure of absence*)或在场的失败(*failure of presence*)构成。当不该在场的东西存在，或应该在场的东西却不存在，阴森感就会随之而来。

通过举例说明，我们很容易就能理解这两种模式。“阴森的号叫”(eerie cry)是“阴森”一词的词典定义里经常提到的一个说法，也是第一种阴森模式(不在场的失败)的一个实例。如果我们感觉到鸟的号叫之中(或背后)不单纯是动物的条件反射或生物学机制在起作用，而是有更多的东西——某种意图，某种我们通常不会和鸟联系在一起的意图形式，那么这种号叫声就会是阴森的。显然，这与我们前面所说的“不属于这里的事物”构成的怪异感有相似之处。然而，阴森必然带有某种形式的猜测和悬念，而这并不属于怪异的基本特征。这只鸟的号叫声有什么反常之处吗？它究竟怪在哪里？也许，这只鸟被附身了——若是如此，那么它是被哪种实体附身了？这样的猜测是阴森的固有特征，一旦问题有了答案，谜团解开，阴森感立即烟消云散。阴森关乎未知，一旦获得认知，阴森便不复存在。这里必须强调一点，并非所有神秘的事物都会散发阴森感。阴森的另一个必要条件是一种他异性(alterity)的感觉,即让人感觉这个谜可能与超出一般经验的知识、主体性和感知形式有关。

关于阴森的第二种模式(*在场的失败*),有个典型的例子是废墟或其他废弃建筑物所具有的阴森感。尽管后启示录(Post-apocalyptic)科幻小说本身不一定属于阴森的类型,却充斥着阴森的场景。但这种情况下的阴森感是有限的,因为它对人类为何会从末世都市绝迹的问题给出了一个解释。与之相对的是玛丽·赛勒斯特号①事件。由于这艘船的谜团——船员发生了什么?他们为什么从船上离开?他们去哪儿了?——从未解开,并且似乎永远都不可能解开,所以玛丽·赛勒斯特号悬案充满了阴森森的感觉。显而易见,这个不解之谜引出了两个问题——*发生了什么*和*为什么发生*。与此同时,我们无法解析其意义和目的的建筑结构却呈现了另一种不同类型的谜。在巨石阵(Stonehenge)的石圈或复活节岛(Easter Island)上的石像面前,我们

① Marie Celeste,历史上著名的幽灵船。该船在1872年载着工业酒精从纽约出发航向热那亚,途中失去联系,被发现时,已变质的酒精仍在船上,所有船长跟船员的私人物品也都完好,但船长与船员全部人间蒸发。

碰到了另一组问题。这里的问题不在于这些建筑的建造者为什么消失了——悬念不在于此——而在于消失之物的本质。是什么样的生物创造了这些建筑？他们与我们有何相似，又有何不同？这些生物属于哪种象征秩序，他们建造的纪念碑在其中扮演了怎样的角色？由于赋予这些纪念碑以意义的象征结构已经衰亡，在某种意义上，我们所见证的正是实在界本身的不可认知性和不可理解性。站在复活节岛的石像或巨石阵前面，我们很难不联想到我们自己的文化：当它们目前所嵌入的符号系统消亡以后，它们将会留下怎样的废墟。我们不免将自己的世界想象成一群阴森的遗迹。这样的猜想无疑解释了 1968 年原版《人猿星球》（*Planet of the Apes*）电影结尾名副其实的名场面——自由女神像的遗迹——为何有一种挥之不去的阴森感，因为从影片设定的后启示录即后人类的遥远未来观看，它就像现在之于我们的巨石阵一样无法辨认。巨石阵和复活节岛的例子让我们意识到，某些考古和历史实践自带一层不可削减的阴森维度。尤其是涉及远古的研究，考古学家和历史学家可以建立假说，但他们所参照并用于证明其推测的文化永远不可能（再次）在场。

所有阴森现象背后的核心之谜本质上还是施动性的问题。在不在场的失败的情况下，这个问题关乎施动性的存在本身。究竟是否存在一个慎思型施动者(deliberative agent)？我们是否正在被某个尚未现身的实体观察？而在在场的失败的情况下，施动性的问题则关系到施动者的特殊性质。我们知道巨石阵已被竖起，因此也就无须考虑其背后有没有一个建造它的施动者这个问题；我们真正需要研究的是那个目的不明、已经逝去的施动者留下的痕迹。

现在我们可以回答"对阴森的思考为何重要"这个问题了。由于阴森主要取决于施动性的问题，因此它也就关乎支配我们的生活和整个世界的力量。我们身处被全球电信网络连为一体的资本主义世界，所以应当尤其清楚，我们的感知能力不足以理解这些力量。像资本这样的力量并不是什么实质性的存在，却能造成几乎一切实际效果。而在另一个层面上，弗洛伊德难道不是早就阐明，支配我们心灵的力量可以理解成在场的失败——无意识本身不就是这样一种在场的失败吗？——和不在场的失败(干预我们自由意志所在区域的种种欲望或冲动)吗？

不该存在的东西存在，
应该存在的东西却不存在

达芙妮·杜穆里埃和
克里斯托夫·普瑞斯特

现在，让我们验证一下关于达芙妮·杜穆里埃(Daphne du Maurier)和克里斯托夫·普瑞斯特(Christopher Priest)的初步观察，这两位作家在世人眼里一直与阴森风格紧密相连。杜穆里埃的阴森故事通常围绕不应具备反思型施动性(reflective agency)的实体或客体的影响展开：动物、心灵感应力，以及命运本身。与此同时，在普瑞斯特的一部分小说中，阴森的效果则取决于记忆中的空白，这种空白会对角色对自己身份的认知造成致命的破坏。

杜穆里埃的名作《群鸟》("The Birds"，1952)堪称阴森故事的典范。正如我前面所说，词典常常以动物的"阴森的号叫"为例解释阴森的含义。《群鸟》的故事基础正是人们听到这种号叫声时它所触

发的感觉——我们怀疑某个通常不应有施动性的实体具备一种慎思型的施动性。在杜穆里埃的故事中,鸟儿不再融于自然背景,而是表现出了它们自身的施动性,但这种施动性的本质仍然是未知的。它们放弃了和人类共存,开始联合起来,向人类群体发起凶暴的攻击。不同鸟类之间的联合是第一个异象,暗示了有某种前所未有的怪事正在发生:“群鸟仍在田野上盘旋。大多数是银鸥,也有黑背鸥混杂其间。平常它们总是各自为营。现在它们团结起来了。某种纽带将它们联系在一起。”

对于先看过希区柯克改编的同名电影版的人来说,杜穆里埃的原著读起来会有些出乎意料。(据说杜穆里埃讨厌希区柯克的电影版本。)我们发现自己不再身处阳光明媚的加利福尼亚,而是置身于阴云密布、狂风肆虐、还未走出战后经济紧缩的康沃尔。出场角色也不再是一对刚刚坠入爱河、互相调情的男女,而是一家人——霍肯一家——在保卫他们遭到鸟群袭击的房子。从某种意义上来说,《群鸟》的核心就是一个被异常实体围困在封闭房屋里的故事,读来就像乔治·罗梅罗(George Romero)1968 年的电影《活死人之夜》(*Night of the Living Dead*)的先声。它演绎了被迫从乡村田园化的公共生活中撤出的角色投入的那种日后罗梅罗将会描绘的“原子化”逃生故事。

这个故事令人不安的力量取决于两个层面的威胁：第一个自然是鸟群来袭的物理性暴力带来的恐怖。但将我们带入阴森之境的是第二个层面。随着故事的发展，我们看到战时遗留下来的确定秩序和权威体系开始瓦解。鸟群威胁到了曾将世界合理化的解释结构本身。起初，对鸟群行为的解释偏向于气候方面的原因。随着攻击加剧，又出现了其他的说法：雇用霍肯干活的农场主说，城里流传着俄国人给鸟下毒的说法。（当我们想到鸟群已抛下彼此之间的差异，发展出了一种类似于阶级意识的物种意识时，就会觉得将思维转向冷战妄想症的现成解释是有一定道理的。）BBC 的无线电广播在整个故事里扮演了至关重要的角色。一开始，无线电播放的是官方当局让人信赖的声音：当 BBC 播报鸟群正在各地集结时，这种反常状况得到了一种官方证实。此时，BBC 等同于应该会“采取措施”击退鸟群的权力机构。然而，随着无线电的播报频率越来越低，一个事实浮出水面：对付鸟群的策略是不存在的，一如对鸟群行为的合理解释。到最后，BBC 完全停止了广播，它的沉默意味着我们最终进入了阴森的空间。无论是对角色还是对读者，都不会有任何交代了。也没有任何转机可言：故事的结尾，鸟群的围攻没有一丝休止的迹象。

在杜穆里埃另一部短篇名作《此刻不要回头》（“Don't Look Now”，1971）里，所谓“不该存在却存在的东西”，那种非常理所能解释的力量，被表现为超感知觉（extrasensory perception）和命运。这个故事讲述了误认（misrecognition）和否认（disavowal）预知能力如何导致预见的事最终成为现实。

约翰和劳拉是一对已婚夫妇，两人前往威尼斯散心，以排解失去小女儿的悲痛，后者不久前因病去世。他们坐在一家餐厅里，遇到了一对古怪的姐妹，她们声称看到那个夭折的女儿正笑嘻嘻地坐在悲痛欲绝的夫妇中间。听了这话，劳拉高兴起来，开始对姐妹俩言听计从；约翰却持怀疑态度并抱有敌意，坚信这对姐妹在利用他妻子的悲伤谋取私利。没过多久，夫妇俩得知他们在英国上学的儿子生病了，决定让劳拉回家陪伴他。当约翰在城里闲逛时，恍然间看到劳拉和两姐妹在一艘公共汽艇上。惊慌失措的约翰找到了警察，坚称姐妹俩绑架了劳拉。当约翰得知劳拉已按计划返回家中时，颜面扫地，只得向警察承认是自己搞错了，并向姐妹俩赔礼道歉。把姐妹俩送回家以后,他碰到一个男人正在追另一个看起来像是小孩的人。彼时威尼斯正逢连环杀手出没,约翰担心那孩子可能成为下一个受害者。然而,他以为是小孩的那个人原来是一个侏儒杀人狂——大概就是连环杀手——并杀死了约翰。死亡降临的那一刻,约翰方才意识到自己先前看到的劳拉和两姐妹在一起的画面原来是一次预知,在那一瞬间,他瞥见在不久的将来,她们三人将在自己的葬礼上相聚:

> 他看见公共汽艇载着劳拉和姐妹俩一起沿着大运河顺流而下,不是在今天,也不是在明天,而是在之后的一天,他也明白了她们为什么在一起,为了何种悲伤的目的而来。那个怪物正在角落里嘟囔着什么。敲打声、说话声和狗吠声越来越微弱,"噢,天哪,"他想,"这种死法真是蠢得要命……"

从某种意义上来说,这里出现的结构类似于我们先前讨论过的时间循环,但此处的循环没有那么严密,而且流露的氛围并非怪异,而是阴森,因为它的重心放在了一个晦暗不明的施动者上:命运本身。命运在这里着实叫人不寒而栗,但正如约翰在临死前意识到的,它编织的形状展现了一种特殊的艺术性,并最终呈现出讽刺的色彩,甚或是死亡的黑色喜剧色彩,以及蚀骨的悲伤。讽刺的是,约翰的预知之所以无法让他预见到命运的形状,恰恰是因为他对自己的预知一无所知。约翰对自身超感知觉能力的否认也反映在《闪灵》的杰克·托兰斯身上,后者也是一个被自我蒙蔽逼上绝路的男性角色,我们将在后面的章节讨论他。和杰克·托兰斯的情况一样,超感知觉损伤了约翰大男子气的自主意识;就像杰克,约翰也低估了威胁到——说到底是虚幻的——自我掌控力的力量,这种低估反而进一步增强了这种力量,并最终将他导上了毁灭之路。

尼古拉斯·罗伊格(Nicolas Roeg)1973年改编的电影(这一次获得了杜穆里埃的认可)是一次对命运之诗意的演绎。正如罗伊格的许多电影一样,本片也运用了平行、预示和再现的手法,引导我们将时间视为一套押韵的结构。约翰正在研究的一张幻灯片上的红色污渍的红与他女儿死亡时身穿的红雨衣的红押韵。但他女儿的死亡并不是一场已完成的灾难,而是一套阴暗的诗意模式之开端,一直到约翰死在一个身穿红雨衣（和他女儿的那件几乎一模一样）的侏儒手上时，才形成闭环。罗伊格一面强化我们对这套诗歌韵律的敏感度，一面暗暗勾勒出命运之力永远不会完全显现的阴森轮廓。颜色的再现与声音的重复相辅相成。配合故事的节奏，罗伊格将威尼斯拍摄得极其阴森，这种氛围在很大程度上依赖于声效的运用。罗伊格利用威尼斯的城市特征，将其变成了一座声音迷宫，其中的建筑通过分隔声音与声源，制造了“声音分裂”的效果，从而营造了一个具有欺骗性的双重声音空间。约翰和劳拉常常迷路，不经意就回到他们刚刚离开的地方，折过去又折回来，就这样在一个可疑的迷宫城市里游荡，它就像是命运的破碎影像，等你看清它的时候总是为时已晚。

如果说达芙妮·杜穆里埃的这两部作品是关于不应该存在的施动性——鸟群邪恶的集体智慧，命运的诗意编排——那么克里斯托夫·普瑞斯特的小说《确认》（*The Affirmation*，1981）和《魅》（*The Glamour*，1984）则是围绕本该在场的施动性的不在场及缺口展开。其中两个主角的命运都由他们自述的故事中存在的空白决定，而普瑞斯特（如同艾伦·加纳，我们稍后会谈到他）作品的效果之一就是让我们领会到了故事的阴森力量。

《确认》一开始似乎是在讲一个年轻人彼得·辛克莱的故事,他在一段恋爱关系破裂后精神崩溃,并失去了工作。这时,他遇上了一个年长的旧相识,机缘巧合下,辛克莱接受了这位年长者的邀约,到后者位于赫里福郡乡下的一座破旧小村舍住一阵子,作为交换,他将负责重新装潢和修缮这套房屋。住进小屋以后,辛克莱开始撰写他认为是自传的一部作品,这些文字最终会将他的人生呈现在他自己眼前。起初我们没有看到这个文本——也许我们永远不会看到它——只看到辛克莱陶醉于其中的狂喜之情夹杂着各种纠结的心理活动。辛克莱承认他已经开始美化自己的叙述,而且确实有可能完全改变了其中的要素——不仅改动了相对琐碎的细节,比如地名和角色名,还篡改了人物特征和关键事件,并辩称这样做会让小说忠实于"更高层次的真相"。许多小说家都持这样的观点,而普瑞斯特在这里无疑是借自己的笔发出自嘲。

当我们终于见到辛克莱所谓的"自传式"文本时,它好像根本就不是那么回事:它看起来就像一部天马行空的奇幻作品(确实,它看上去差不多就属于奇幻类型)。事实上,我们到最后都无法确定自己阅读的是不是真正的辛克莱自传原稿,有不止一个故事版本表明,辛克莱随身携带的珍贵手稿不过是一叠白纸。但在我们阅读的手稿中,辛克莱中了一张特殊的彩票,这场博彩在一座名叫克拉格(Collago)的岛上进行,而这座岛隶属于一个庞大的岛屿群——“梦幻群岛”(Dream Archipelago)——如其名称所示,它指向的似乎不只是一个地点,也是一种精神状态。中奖者可以体验一次所谓“永生”(athanasia)的过程,他们将被赋予一种有限制条件的不死状态——他们身体里的一切病变都将被清除,并会对未来可能出现的任何疾病免疫,不过他们仍然有可能死于事故。然而,在这个过程中,他们将完全丧失记忆。每个人的性格都会根据他们在永生手术前填写的一份详细问卷重新设定。但是,辛克莱坚持要求给他做复原手术的人使用他自己的自传文本(显然跟我们正在阅读的文本不是同一个:它必然要比关于群岛和博彩的此叙事“低”一级)恢复他的记忆。

在《确认》剩下的部分里,设定在真实世界地点里的故事线和发生在梦幻群岛的故事线之间的关系变得越来越混乱。似乎辛克莱——或是辛克莱的某个部位——正在大量生产叙事碎片,以转移他在恋人格拉西娅的自杀中所扮演的角色给他带来的创伤。

辛克莱童年时代的一个插曲也许提供了解开整部小说的钥匙。他回忆起了某次事故之后发生的一件事，当时他失去了事故发生前三天里的所有记忆：

> 在这三天里，我肯定保持了警觉，也保有意识和自我意识，能感觉到记忆的连贯性，并对自己的身份和存在一清二楚。然而，随后发生的一件事将它们一笔勾销，正如有朝一日死亡会抹去所有记忆。那就是我的死亡初体验，自此以后，尽管无意识本身不足为惧，我却将记忆看作知觉的关键。我记忆，故我在。

讽刺的是，梦幻群岛上的辛克莱为了获得永生，经历了失忆这种“死亡”。如果辛克莱的存在方式是“我记忆，故我在”，那么问题就在于其他版本的辛克莱不记得了：“这个世界”的辛克莱失去了记忆，因为他的意识在格拉西娅自杀的重压下四分五裂；梦幻群岛的辛克莱失去了记忆，因为他已委身于永生的过程。

在这里，令人感到阴森的是无意识本身的施动性。《确认》可以被解读成对以下谜题的延伸性反思：我们如何对自己隐瞒某些事物，以及一个实体如何既是隐瞒者，又是被隐瞒者。因为我们一般认为精神具有的统一性和透明性只是一种错觉，只有这样，上述状态才有可能实现。空白和矛盾才是构成我们之所是的东西。填补这些缺漏的是故事——故事也因此拥有了自己的施动性。记忆本身已经是一个故事，而当记忆中存在空白时，就必须虚构新的故事来填补空洞。但这些故事的作者是谁？答案是没有作者，只有一个背后不存在任何"主体"的虚构程序。这一程序并不是偏离了正常行为准则的病态机制，而是同一性(identity)的一般运作方式。只不过，这种运作通常是隐蔽的，只有在出了差错——故事未能成立，并且不可避免地牵扯出制造它们的机制问题——时才会进入视野。

这些关注点中有不少都在普瑞斯特的小说《魅》中重现，尤其是失忆和虚构记忆的问题。理查德·格雷是一名摄影师，由于卷入一场恐怖分子的炸弹袭击而丧失了记忆。他在德文郡一家医院里接受治疗时，一个名叫苏珊·库利的女人来探望他，自称是他的女朋友。这部小说和《确认》一样，围绕着空白和故事之间的关系展开，这里的记忆被理解为一种特殊类型的故事，易受到操纵和重构。例如，格雷的一位主治医生提到了“癔症性记忆失调”的状态，在这种状态下，患者会基于少量片段捏造一个完整的“记忆里的”世界。

小说为理查德和苏珊的相遇给出了几个不同的版本。第一个是理查德一开始相信的版本，他似乎通过催眠找回了这段记忆：两人是在法国度假时相遇的。他们逐渐升温的感情因为苏珊的控制狂男友尼尔的存在而蒙上了一层阴影，苏珊想与尼尔分手，却无法逃脱后者邪恶的掌控。然而苏珊完全否认了这种说法，声称她从未去过法国，而且他们的恋情——尼尔又一次成了背后挥之不去的阴影——事实上发生在伦敦。后来被降级的法国版剧情中含有某种极其阴森的元素。对读者来说——可能对格雷来说也一样——法国发生的一连串事件有一种生动性，让人“感觉”它们的真实程度不亚于苏珊叙述的伦敦版剧情。（这有点像《确认》的故事效果颠倒了过来：梦幻群岛的情节一开始就像奇幻作品或是戏中戏，在本体论上低于现实世界里发生的情节，却比小说中偏“现实主义”的部分更加鲜活。）如果法国版的故事不是真的，那我们就会像在《确认》中一样，面临谁是创造它的施动者的问题。在《魅》的故事达到高潮时，我们似乎得到了一个答案：在一个元小说层面的转折点上，尼尔声称自己才是整个小说的叙述者，正是尼尔给理查德“灌输了”他在法国旅行的虚假记忆。如果说真相的大白或多或少驱散了小说营造的阴森感——这时候我们似乎已弄清了创造这些故事的施动者的实质——还有一个问题依然没有解决，那就是尼尔的影响范围：我们读到的有多少是尼尔构思的情节，又有多少属于尼尔仍然称之为理查德的“真实生活”的现实，以及尼尔的虚构与这种“真实生活”可以在多大程度上分离？如果理查德确实拥有独立于尼尔的“真实生活”，也就意味着尼尔“只是”叙述者，讲述理查德故事的人，而非理查德的作者兼创造者——尽管尼尔宣称“我创造了你，格雷”。

可以认为，尼尔和理查德之间的元小说之争在一定程度上反映了这部作品对不可见性问题的重点关注。如果尼尔是叙述者，那他就比他叙述的角色“高一级”，因此对后者来说并非完全可见（他们可以与作为角色的尼尔互动，却不能与作为叙述者的尼尔互动）。然而，本书以一种看上去更直接的方式表现了不可见性。不只是尼尔、苏珊，就连理

查德本人似乎也多多少少拥有“魅”。根据书中给出的解释,“魅”是一个古老的苏格兰词语,并且

> 按照最初的定义,“魅”是一个咒语,一种魔法。一个恋爱中的青年会去找自己村庄里最有智慧的老妇,向她换取一个不可见的符咒,加之于他心爱的人身上,这样一来,她就再也不会被其他青年觊觎。一旦她被魅力俘获,或者说魅力加身,她就不再受窥探的视线追逐。

对这种消失是如何发生的,本书语焉不详——是源于诱导性的视而不见吗?还是说有些人只是单纯地逃脱出了其他人的注意,永远地融入了背景?抑或某种形式的巫术,让尼尔和其他人变得不可见(不过说到底,这跟诱导性的视而不见又有什么本质区别呢)?

消失和失忆,显然属于“应该存在的东西却不存在”的一种典型案例。然而这两种情况是截然不同的。失忆创造了一个可以感知并感受到的缺口——需要通过一个故事来填补的空隙,而消失则是一片隐藏自身的空白。它是阴性幻觉的一个实

例，当格雷在催眠暗示下对同屋的女人视而不见的那一刻，此概念便被引入了这部小说。阴性幻觉在许多方面都比“阳性”幻觉更有意思，也更阴森。比起看见不存在的事物，看不见存在的事物是更奇怪也更普遍的一种现象。视而不见，即无意识地忽略与我们记忆中占据支配地位的故事相矛盾——或仅仅是无法相容——的材料，这种现象隶属于一种持续性的“编辑过程”，我们所感受到的同一性正是由这一过程制造出来的。阴性幻觉下的物体和实体一般会被表现出来，却无法被肉眼看到。比方说，假设有人受到诱导，无法看见放在地板上的一个盒子，可他们穿过房间时仍然会绕着盒子走，更有甚者，他们会提出一个逻辑依据，编一个小故事来解释他们为什么要这样做。阴性幻觉的概念最早由弗洛伊德提出，而且这一现象就像虚构记忆一样，阐明了无意识的负面产物：阴森的特质。无意识本身就是一片空白、一种不可见性，它亦创造了看不见的空隙。

在消失的土地上

M. R. 詹姆斯和伊诺

正如我在本书序言中提到的，我对阴森的思考诞生于我与贾斯汀·巴顿的合作项目，《在消失的土地上》。该项目最终的呈现形式是一篇 45 分钟的音频散文，而它的缘起则是我们在英格兰东部的萨福克郡进行的一次徒步旅行：从海滨小镇费利克斯托出发，向内陆一直走到伍德布里奇。我们原本是打算为另一个项目寻找取景地，但那一带的风景自成风格，不受人的意志摆布。那段旅程开始和结束的象征性标志是费利克斯托的集装箱港口——一片“未被踏足的广袤空间”，如贾斯汀在《在消失的土地上》的脚本中所言——和萨顿胡，世界闻名的盎格鲁-撒克逊船葬遗址。

港口和墓地展现了两种不同的阴森版本。集装箱港口的阴影笼罩着日渐衰败的海滨小镇，港口的起重机宛如 H. G. 威尔斯笔下的三脚火星人，高耸于维多利亚时代的度假村上方。走在乡间,走在特里姆利的湿地上,陡然看到起重机盘踞于田园风光之上,犹如闪亮的神经机械恐龙冷不防从约翰·康斯特布尔[①]的风景画里窜了出来。如此看来,港口似乎称得上是一种怪异现象:“自然”场景中突然出现了完全不相称的陌生物体。然而,最终占据上风的还是阴森的感觉。港口弥漫着一种阴森的寂静感,无关于实际的环境噪音大小。那里充满了无生命的咣咣啷啷声,发自装卸货物的船只;但还少了点什么,至少在从外部居高临下观察港口的旁观者看来,这里不存在任何语言和社交的痕迹。看着集装箱卡车和船只来来往往,或仔细观察集装箱本身——一个个金属箱叠放在一起,仿佛威廉·吉布森[②]的赛博空间里的柱状图被实体化了,马士基海运(Maersk Sealand)、韩进(Hanjin)、川崎汽船(K-line),这些名字回荡着某种跨越国界的、空虚的、巴拉德[③]式的诗意——你几乎感觉不到人类的在场。

---

① John Constable,18—19 世纪英国最具代表性的风景画家,其作品以真实地表现大自然景色为主。

② William Gibson,出生于美国的科幻作家,被誉为赛博朋克流派的奠基人和代表人物。

③ J. G. Ballard,英国科幻作家,代表作有《摩天楼》《撞车》《太阳帝国》等。

人类总是在视野之外，隐匿于驾驶室、起重机、办公室。我联想到了菲利普·考夫曼(Philip Kaufman)1978年的电影《天外魔花》(*Invasion of the Body Snatchers*)中，外星人无声而高效地播撒豆荚的场景。集装箱港口(人类在这里作为自动化系统之间的隐形连接工具)与人声鼎沸的老伦敦码头(被费利克斯托港有效取代)形成了对比，向我们传达了许多关于过去四十年资本和劳动力更迭的信息。港口是金融资本大获全胜的一个标志，属于物质化的重型基础设施，后者则促进了"去物质化"的资本主义幻觉的形成。它是隐藏在当代资本光鲜俗丽的表象之后的阴森背面。

同时，萨顿胡至少在两种不同的意义上都可谓阴森。首先，它构成了一个知识的缺口。盎格鲁-撒克逊社会制造器物及埋葬船只的信仰和仪式只有一部分得到了解释。(船本身及其所载的文物——包括一些复杂得不可思议的珠宝首饰——早已被移至大英博物馆。它们的复制品目前陈列于萨顿胡的游客中心。)其次，萨顿胡——俯瞰伍德布里奇镇的一座墓冢——本身就是一个阴森的场所：荒凉，氛围感强，人迹罕至。

通过对 M. R. 詹姆斯和布莱恩·伊诺[1]这两个人物的思考，我们可以获得另一种方式来标记我们阴森之旅的起点和终点。詹姆斯将他最有名的鬼故事之一《吹哨吧，我会来找你》(1904)的故事背景设定在一个略带虚构的费利克斯托，而伊诺 1982 年的专辑《环境 4：在陆地上》(*Ambient 4: On Land*)则与萨福克的沿海地区有一定的联系。詹姆斯以度假中的古文物专家身份从剑桥来到萨福克郡，探访这片土地。而伊诺则作为萨福克出生的本地人（他出生于伍德布里奇）回到故土，用声音重建他童年时走过的风景中的“地方、时间、气候和情绪”。

《吹哨吧，我会来找你》讲述了剑桥学者帕金斯前往东安格利亚[2]度假，准备展开一趟徒步旅行。故事的背景设定在伯恩斯托，显而易见，这是费利克斯托的一个代号。帕金斯就像詹姆斯本人的一个翻版：詹姆斯是剑桥大学的古文物专家，经常到访萨福克郡。帕金斯留在身后的城市世界与他漫步于其上的空旷荒原之间的对比，同样是启蒙知识

---

① Brian Eno，1948 生于英国的音乐人、作曲家、制作人、视觉艺术家和音乐理论家，因其对氛围音乐（ambient music）的开创性成就而闻名于世。

② East Anglia，英国东部的一个地区，包括萨福克等郡。

和古老传说之间的对比，而帕金斯的疏离感有很大一部分源自，他发现在剑桥图书馆里行之有效的学术分析方法，到了萨福克的土地上忽然就行不通了，无法用来解释他在这里遭遇的一切。

在《吹哨吧，我会来找你》和《给好奇之人的警告》(1925)中，詹姆斯发现了一个模板，让 H. P. 洛夫克拉夫特、艾伦·加纳、奈杰尔·尼尔和大卫·拉德金(David Rudkin)等后来者受益匪浅。这两个故事都围绕古物的挖掘展开，一个是青铜口哨，另一个是一顶古代王冠，它们都附有古老的邪灵。后来 BBC 将这两个故事拍成影片时，却用了很多镜头展现东安格利亚的风景——“荒凉而肃穆”，一如詹姆斯在《给好奇之人的警告》中的描述——其戏份不亚于无生命的古物召唤出的邪恶生灵。

在乔纳森·米勒(Jonathan Miller)1968 年改编的《吹哨吧，我会来找你》中，他没有采用费利克斯托作为拍摄地，而是选择了萨福克郡的传奇小镇邓尼奇和诺福克郡的小村庄沃克翰。帕金(在该电影版中名字略有更改)在岩块剥落的悬崖边漫步时，于一片墓碑中间发现了口哨，这段关键情节可以看出是在邓尼奇拍摄的——正如同样姓詹姆斯的亨利[①]在萨福克郡徒步旅行时指出的，如今这个地方几乎不复存在。从前，邓尼奇是一个繁荣的海港，在1328年的一场风暴中几乎被夷为平地，仅存的残骸也渐渐被大海吞噬，现在只剩下几栋房屋和一座孤零零的教堂依然屹立，受到缓慢侵蚀着陆地的海洋觊觎。

沃克翰也是一个由不在场统治的地方。那里有几间小屋和一座破败的教堂，感觉就像一副村庄的骨架。然而米勒并没有使用这座村庄屈指可数的几个地标，而是将镜头聚焦于半抽象的海滩地形上。沃克翰的大部分海滩都没有什么特点，绝佳地展现了詹姆斯笔下的风景："长长一段鹅卵石海岸，边缘连着沙地，每隔一小段距离就有一截黑色的防波堤向水中延伸"，一个"荒凉的舞台"，上面"没有一个肉眼可见的演员"，并以"没有任何地标"为特征。

米勒版影片中的帕金由杰出的男演员迈克尔·霍尔德恩(Michael Hordern)扮演，是一个逐渐走向崩溃的逻辑实证主义者。他的意识无疑像岌

① 即亨利·詹姆斯。

岌可危的东安格利亚海岸线一样正在销蚀，只是速度要快得多。霍尔德恩贡献了他最佳水平的表演，演出了帕金的孤僻内向，他的肢体语言和表情隐晦地表现出了他在社交环境里的不适：他精心准备的对话开场白和俏皮话永远发挥不出他在脑海里排练时的效果。此人更适合与书籍而非与人打交道。霍尔德恩版的帕金秉持 A. J. 艾耶尔[①]的观念，倾向于否定来世这个概念，认为它毫无意义。然而，他含糊不清的阐述由于缺乏稳定性，掩盖了他哲学立场的强硬。在某种层面上，空荡荡的沙丘和渺无人烟的荒原在客观上对应了帕金日益封闭的精神状态。不过，海滩同样是帕金与外部相遇的场所，来自异界的力量对他的内在造成了致命的破坏。

根据米勒电影改编的电视剧版《吹哨吧，我会来找你》与伊诺的《环境 4：在陆地上》之间有很强的亲缘关系：两者实际上都是与东安格利亚地貌流露出的阴森感有关的冥想。流连于风景的焦点，徘徊不去的寂静，没有太多动作的长镜头，米勒好像用电视画面呈现了伊诺后来发明的氛围音乐。伊诺

---

① Alfred Jules Ayer(1910—1989)，英国哲学家，逻辑实证主义的代表人物之一。

在《在陆地上》的专辑封套里写道："风景不再是一块背景，衬托着其他事件的发生；相反，发生的一切事件都是风景的一部分。前景和背景之间不再有任何显著区别。"米勒影片里的阴森氛围源于它把风景当作自主的施动者处理。该片捕捉到了几乎空无一人、荒凉凄美的荒野和海滩特有的一种令人神往的缓慢节奏。帕金低估了这片古老而神秘的土地所蕴含的力量，以至于让自己身陷险境。

对既是恐怖小说家又是保守基督徒的詹姆斯来说，对外部的迷恋注定会招来厄运，正如《给好奇之人的警告》的标题给出的明示。然而，《在陆地上》对这一观点持更加开放的态度：外部不一定具有威胁性或毁灭性。伴随着轻柔的、涡旋般的乐章，潺潺的泡沫翻腾声和不知所云的喃喃语声，以及暗示了无机物感受能力的沙沙轻响，《在陆地上》在我们脑海里唤起了一幅充满细节的梦幻景象。伊诺的传记作者大卫·谢帕德(David Sheppard)写道，尽管《在陆地上》取材于伊诺的童年记忆，它的氛围却"并非感伤的怀想，而是内向的、感官的陶醉"。毫无疑问，《在陆地上》的确带来了感官上的陶醉，然而，"内向"在这里看上去是一个奇怪的形容词，因为这张唱片似乎完全缺乏精神的内在性。

诚然,《在陆地上》流露出一种孤独感,一种从庸常社会性的喧嚣中抽离的避世感,但这种感觉的出现不过是打开通往外部之门的前提条件,而在某种层面上,外部指代了一种从根本上去田园化的自然,展开来讲,就是另一种更高层次的与实在界的接触。

在这张唱片的封套文字里,伊诺还回忆道,《在陆地上》的创作灵感部分来源于他渴望做出费德里科·费里尼(Federico Fellini)的电影《阿玛柯德》(*Amarcord*,1973)的"听觉对应物"。正是向声音的转换开启了阴森之门。幻听型声音(acousmatic sound)——看不见发声源的声音——本身就具有一种内在的阴森维度,而在《在陆地上》最令人不寒而栗的曲目之一《影子》("Shadow")里,占据重要戏份的是平静而哀伤的啜泣声,可能是人类的声音,也可能是动物的呜咽,抑或风的流动造成的听觉幻觉。这暗示了有某种怀有敌意的施动者在活动,然而,让《在陆地上》不同凡响的原因之一在于,它引入了一种无法归入恐怖或鬼故事类型的阴森的可能性:一种外部——俗世的边界之外的脉动——即便它陌生得令人不安,也依然散发着令人销魂的诱惑力。对詹姆斯来说,外部始终是充满敌意和邪恶的神秘领域。当他在圣诞节向剑桥的听众朗读他的鬼故事时,那对外部的惊鸿一瞥无疑给他的听众带来了惊悚的刺激,但与此同时,这一瞥也发出了一个明确的警告:一旦冒险走出这个与外部隔绝的现实世界,你就会引火烧身。不过,作为活在 20 世纪的维多利亚遗民,詹姆斯企图捍卫的世界在很多方面都已经消逝了,或者正处于消逝的边缘。费利克斯托的巴斯酒店——詹姆斯经常投宿的地方,也是《吹哨吧,我会来找你》中的酒店原型——在 1914 年被妇女参政权拥护者付之一炬。在本书的最后,我想重点谈谈被詹姆斯拒之门外的阴森维度,但现在,让我们先来探讨一下另外两位作家,他们追随詹姆斯的脚步,进一步探索了阴森的邪恶维度:他们就是奈杰尔·尼尔和艾伦·加纳。

阴森的塔纳托斯

奈杰尔·尼尔和艾伦·加纳

纸浆恐怖故事、经典科幻小说和暗黑风格的民间传说有一个共同关注的主题，即对被归类为“无机恶魔”(Inorganic Demons)或捕虏体(xenolithic)器物的远古超级兵器的发掘，或是与它们的对抗。这些遗物或古文物的外形一般都被描述为无机材料(石头、金属、骨头、灵魂、骨灰，等等)制成的物体。它们有自主性，有感知能力，并且不受人类意志左右，其存在特征包括：被遗忘和弃绝，从远古开始沉睡，形态精致而极具诱惑。……无机恶魔本质上是一种寄生体，它们……通过人类宿主发挥作用，所谓人类宿主可以是个人、种族、社会，也可以是整个文明。

——雷扎·内格雷斯塔尼，《旋风百科全

书：与匿名材料的共谋》（Reza Negarestani, *Cyclonopedia: Complicity with Anonymous Materials*）

雷扎·内格雷斯塔尼的这段话可以用来描述詹姆斯在《吹哨吧，我会来找你》和《给好奇之人的警告》中使用的结构，不过这种模式也被詹姆斯的两位后继者奈杰尔·尼尔和艾伦·加纳沿用。在尼尔和加纳最重要的一些作品中，他们展示了重见天日的“无机恶魔”/古代遗物作为启动宿命的引擎是如何发挥作用的，如何让角色落入致命冲动的掌控。尼尔和加纳探索的都是你可以称之为“塔纳托斯”[①]——一种超越个人（及超越时空）的死亡驱动力——的阴森轮廓，其中，“心理上”的问题作为外部力量的产物登场。

① Thanatos，希腊神话中的死神，被弗洛伊德等精神分析家用来指代“死亡的愿望”或“死本能”：他们主张人类意识中存在着与求生本能“厄洛斯”（Eros）相抗衡的求死本能。

夸特马斯的“死本能”

奈杰尔·尼尔笔下最著名的系列影视剧经常被人称作介于不同类型(尤其是恐怖和科幻)之间的作品。但要我说,尼尔最佳作品的主要特点还是在于它的阴森感。与 M. R. 詹姆斯不同的是,尼尔不按字面意义理解超自然。事实上,尼尔的标准做法——在《夸特马斯和坑洞》(*Quatermass and the Pit*)中体现得最为明显——是为以往被人当成超自然的现象重新赋予一个科学性的动机。在一个语域中被理解为“恶魔”的存在到了另一个语域就会显现为一种特定的以物质形式存在的施动者。尼尔赞同启蒙时代以来的科学所持的观点,即依附于物质世界的精神实体是不存在的,但我们生活其中的物质世界远比我们曾经想象的更加陌生,更加不可思议;除此之外,尼尔并不秉持人类主体至上论,即所谓人类是得天独厚的理性拥有者这种说法,而是向我们展示了,对世界本质的探究也会不可避免地解构人类一直以来对自身的认知。

居于尼尔作品核心的是施动性和意图的问题。

按照一些哲学家的说法，产生意图的能力将人类与自然界明确地区分开来。意图性包含我们通常理解的意图，但实际上指的是对事物产生一种特定感觉的能力。河流可能具有施动性——它们影响变化——但并不关心自己的所作所为，它们对世界也不存在任何看法。尼尔最有名的创造物，科学家伯纳德·夸特马斯，可以说正处于被这一定义困扰的激进启蒙思想轨道上。激进的启蒙思想家，如斯宾诺莎、达尔文和弗洛伊德，接连提出了一个问题：意图性的概念能在多大程度上适用于人类，更别说适用于自然界？这个问题之所以被提出来，其原因部分在于激进启蒙思想秉持的彻底自然化观点：如果人类完全属于所谓的自然界，那又有什么立场将他们当成特例看待？激进启蒙思想得出的结论与所谓新唯物主义者如简·贝内特(Jane Bennett)的主张恰好相反。简·贝内特等新唯物主义者同意人类和自然界之间的区分已不再站得住脚，但他们对此的解释是，许多以前被认为是人类独有的特征实际上遍布整个自然界。激进启蒙思想则反其道而行，质疑所谓意图性这种玩意儿是否真的存在，假使存在，人类又能否算是其拥有者？答案是复杂的：人类可能确实具有某种意图性，但它与他们在其日常可感知的自我反思中所认识到的自身人格、有意识的意图或感觉并不一致。

尼尔正是从此处着手。夸特马斯发现被称为人类的生物来源于自动机械外星生命体。原来,夸特马斯的最终研究对象就是弗洛伊德在《超越快乐原则》(1920)一文中所说的“死本能”。弗洛伊德的死本能假说暗含一个推测:没有任何事物是活着的,生命不过是死亡的一个区域,这与新唯物主义的概念“富有活力的物质”(vibrant matter)形成了鲜明对比,后者暗示了所有物质都在某种程度上拥有生命。弗洛伊德后来提出了“死本能/塔纳托斯”和“生本能/厄洛斯”之间的二元斗争,可以看作对《超越快乐原则》中令人咋舌的一元论做出的让步,后者主张所有生命都只是通往死亡的一条路径。所谓有机生命其实就是无机物的一种折叠状态。

然而无机物并非所谓自驱生命在被动、惰性状态下的对应物;相反,它拥有自己的施动性。存在一种死亡驱动力,对它最激进的表述形式不是朝向死亡的驱动力,而是死亡本身的驱动力。无机物质是一切事物(包括看起来像人类的有机生命体)的向导,不具任何人格。从死本能的角度来看,我们自身倒是成了阴森现象的一个典型案例:我们身上有一种施动性在发挥作用(无意识、死亡驱动力),但它没有出现在我们预想的位置,或者跟我们预想的不太一样。

然而故事并非仅止于此。这里要表达的重点不在于我们是死亡驱动力的盲目奴隶,而是说,如果我们没有沦为奴隶,那是因为有一个同样不具有人格的过程存在:科学,在某种程度上,科学就存在于发现和分析弗洛伊德称之为“死本能”的过程中。所以说,激进启蒙时代的科学家形象是一群理解自身冲动的死本能本质的人,但也正是因为他们了解这一点,才提供了从中逃脱的一线可能性。接下来,我要通过尼尔的两部名作《夸特马斯和坑洞》(1958—1959)和《石头磁带》(*The Stone Tape*,1972),以及他较少被人提起的一部电视剧,即“夸特马斯”系列的最终作《夸特马斯》(*Quatermass*,1979),来探讨这个问题。

《夸特马斯和坑洞》讲述了发生在虚构的伦敦地铁站——霍布斯终点——的一次挖掘。工人们挖出了一个后来被证明是火星飞船的物体,里面装满了类似昆虫的恶心生物尸体。外星人,我们想到。然而,尼尔剧本的绝妙之处在于,我们所认为的火星人原来并非外星人——从“与我们不同”的意义上来说——完全不是。五百万年前，火星人逃离了自己毁灭的母星，与还处于雏形期的地球人种交配，以延续他们的物种。

所以外星人与地球人类之间的区别被彻底打乱了。随着“夸特马斯”系列的剧情一路发展，外星人离我们越来越近：在系列第一部《夸特马斯实验》(*The Quatermass Experiment*)中，外星人远在太空；到了第二部《夸特马斯 2》(*Quatermass II*)(就像英国版的《天外魔花》)，外星人已经来到我们中间；而在第三部《夸特马斯和坑洞》中，我们就是外星人。

在影片结尾处，夸特马斯奋起反抗火星人，并发自真心地希望地球不要成为“火星人的第二颗死亡行星”，看上去就好像是在回避影片传达出的冷酷讯息——我们自己就是火星人。然而，即便尼尔已经解构了生本能与死本能、人类与火星人之间的对立——解构了人类的本质，然后你发现它只不过是有机的死本能的身体内部的一道褶皱——他依然有权将希望寄托于发现了这一切的科学。

与库布里克在《2001 太空漫游》(*2001: A Space Odyssey*)(我们将在后面一个章节说回这部电影)中讲述的人类起源故事相比，《夸特马斯和坑洞》更加黑暗，另外，它与 J. G. 巴拉德的《被淹没的世界》(*The Drowned World*，1962)也有不少共同之处：其中最重要的一个主题是关于格雷尔·马库斯(Greil Marcus)在《口红痕迹》(*Lipstick Traces*)一书中所说的“系统发育记忆”[①]。在《夸特马斯和坑洞》里，记忆是“字面意义上”的记忆，深埋心底却仍可以探知的精神痕迹(在影片中由飞船的出土触发)；而在《被淹没的世界》中，“记忆”的符码被编入了人类自身的物理形态，即巴拉德笔下的“脊椎景观”。《夸特马斯和坑洞》涉及考古学，《被淹没的世界》关乎地质学。但在这两部作品中，人类的神经系统和记忆都被构想成了无机的记录——创伤事件的遗迹，人类要么解开其编码，要么重蹈覆辙。

在《石头磁带》中，尼尔将这种记录的主题从背景推到了前景。故事里，一群科学家搬进了一个新的研究设施居住。事情很快出现了异样，这栋建筑闹鬼：他们中的一个女性计算机程序员对鬼魂(19世纪死于一次不明坠落事故的女仆)尤其“敏感”。可以想象，几位科学家的态度从怀疑、否认鬼魂的

① Phylogenetic memory，指生物体在进化过程中遗传到的祖先的固有行为或反应。

存在逐渐转为魔怔,不眠不休地为这种现象寻求解释,调查其真相所在。

尼尔的论点是,闹鬼和幽灵是高能量的现象,能被物质和房间里的石头记录下来——这里的记录就是字面意义上的记录,标题"石头磁带"由此得来。看似巧合的是,科学家们此前一直在寻找一种更小巧、更耐用的新型记录媒介。但这里的灵异现象不仅暗示了一种新式记录媒介的存在,还提供了一种新式播放设备的可能性,那就是人类神经系统本身。在被喜悦冲昏头脑的高潮时刻(接着便进入无可避免的惨淡结局),科学家们谈笑风生,构想了一种完全不需要任何线路的无线通信系统:直接向你的头部发射传输信号(就像威廉·吉布森的赛博空间一样,但在这里,就连电极也不需要了)。

然而科学家们如痴如狂的举动最终抹掉了磁带上的记录——或者说至少抹掉了最后一次记录下来的东西。下面埋藏的另一种更古老的事物被唤醒了,受到惊吓的女程序员在极度恐惧中坠亡,完完全全重蹈了19世纪女仆的覆辙。所以尼尔最终想表达的是播放物和被播放物之间的界限的崩塌。一开始,鬼气森森的尖叫声似乎是被动、惰性的,就像闹鬼的房间所沾染的干腐病一样不具备主动施动的能力；然而到头来，人类才是身陷可怕的重复冲动的一方。就好像房间——根据故事最后给出的暗示，这里是某种超乎想象的古代祭祀的场所——诱使科学家们坠入另一场死亡，将已经发生过的事件重演了一遍。人类的角色本身就是延续了亿万年的某种无意义重复模式的组成部分。阴森的死本能，再次上演……

死本能在受到低估的“夸特马斯”系列的最终作《夸特马斯》中进一步被放大。尼尔视之为 20 世纪 60 年代的一首安魂曲：一则关于死亡驱动力（可能是受新兴的弥赛亚主义催生）的黑暗寓言。企图改变地球的嬉皮士梦想退场，取而代之的是他那些精神恍惚的后朋克原始躯壳——“地球人”（the Planet People）——渴望逃往另一个世界、另一个太阳系。《夸特马斯》的景观直接反映了 20 世纪 70 年代的种种焦虑：受到扼制的生态圈，能源短缺，断电，社会契约解体，转为霍布斯式的所有人对抗所有人的战争——这就是 20 世纪 60 年代乌托邦主义的废墟。

那些被封锁的街道、游击的街头武装团体（灵感来源于巴德尔和迈因霍夫团［Baader Meinhof］、红色旅[Red Brigade]和愤怒旅[Angry Brigade][①])同样可以出现在致命玩笑乐队(Killing Joke)的唱片封面或保守党的选举宣传节目里。在1979年，各种想象和冲动——反动的、新古典的、革命的——就这样一个个坍塌，陷入彼此之中(就像剧中的老年团伙用来搭建其块茎式避难所的废旧汽车一样崩塌)。

如果你想寻找1979年版《夸特马斯》的类似作品，不妨将目光投向当年的几张重要的后朋克唱片——管路军乐队(Tubeway Army)的《复制品》(*Replicas*)、快乐小分队乐队(Joy Division)的《未知的愉悦》(*Unknown Pleasures*)——而不是当时不可避免地被拿来与它做比较并使之相形见绌的几部大制作电影(同是1977年出品的《星球大战》和《第三类接触》[*Close Encounters of the Third Kind*])。话虽如此，《第三类接触》开头几幕着魔般的场景差不多就是尼尔的风格，但最终，这一切都在雅里式的灯光表演和相当可爱的外星人登场时消散得无影无踪。随着主要角色一开始的无意识行为和许

① 分别是德国、意大利和英国的极左恐怖主义团体，制造过多起绑架、谋杀等暴力事件。

多与外星人相关的问题(事实上也就是外星人究竟存不存在这个问题)让位于后来科幻大片必不可少的标配——昂贵吸睛的特效大场面——阴森感本身也消失殆尽。

《第三类接触》与《夸特马斯》的共同点在于对人类种群无意识地沦为外星势力共谋者的设想。然而,《夸特马斯》完全抵挡住了斯皮尔伯格无法抗拒的诱惑——赋予外星生命以人类特征。在《夸特马斯》中,外星人的意图到最后都是神秘不可解的,一如他们的物理形态。我们对它们的一切"了解"都止于臆测、推论、猜想。无论从哪个方面来讲,它们都与我们相隔光年之远。

在这里,尼尔的几大主题——外星人的亲缘性、有机生命的湮灭欲望——出现在对青年千禧年主义(youth millenarianism)的分析之中。可以想象,他对青年文化的演绎更接近杰夫·纳托尔(Jeff Nuttall)的作品《炸弹文化》(*Bomb Culture*,1968),而非宝瓶时代[①]的乌托邦。渴望抱团取暖的冲动被解释为一种症状,青年无意识里深植的一道程序的

---

① The Age of Aquarius,占星学术语,被占星家认为是世界正在进入的下一个星座纪元。

支配下的产物。

尼尔惯用的赛博哥特方法论——在远古的遗物中发掘出现代的痕迹——这一次集中体现于新石器时代的石圈。在夸特马斯的假想中,巨石遗址是创伤的记录,石阵的排列代表了对大规模种群灭绝的纪念,即地球的疤痕组织。(事实上,早在三年前的1976年,星球毁灭事件与石圈之间的平行关系就已在英国独立电视台一档阴森得令人难忘的儿童节目《石之子》[*Children of the Stones*]中出现过了。)

石圈被夸特马斯不祥地称为过去的人类种族"收割"地。谁能说出收割人类的物种是什么样的,它们的动机又是什么呢?对蛋白质的渴望?像吸血鬼一样吸收能量?夸特马斯只能全凭猜测。在这里,尼尔利用了石圈一般给人的阴森印象。如我上文所说,石圈将一个完全腐坏的符号结构展现在我们面前,由此揭开了真相:上古人类原来是一个无法识别的外星文明,我们对其仪式和主体性模式一无所知。

尼尔对约翰·米尔斯(John Mills)的选角很失望,因为当时尤斯顿(Euston)制片公司坚持要启用一位大牌明星,于是将米尔斯强塞给了他,他更中意的是安德烈·莫瑞尔(André Morell)和安德鲁·基尔(Andrew Keir)(两人分别在《夸特马斯和坑洞》电视剧版和电影版中饰演科学家)。据说尼尔认为米尔斯的英雄气概不足,不太能让人看出他与莫瑞尔和基尔扮演的是同一个角色。

然而,米尔斯不形于色的愤怒、他对人类的同情与厌恶,以及他受到轻慢却坚定不移的自尊,让他成就了一版堪称典范的夸特马斯。米尔斯为剧中的宇宙斯宾诺莎主义善恶报应论赋予了一种令人生畏的权威性。当年轻的天文学家乔·卡普——刚刚从失去全家人的打击中恢复过来——谈论"邪恶"时,夸特马斯纠正了他:"也许邪恶从来都是另一个人的善意。也许这是一条宇宙法则。"

《红移》的神话时间

据说艾伦·加纳非凡的小说《红移》(*Red Shift*,1973)是受到了作者在火车站看到的一条涂鸦"不是真的现在不再是"(not really now not any more)启发而创作的。这句短语给人的感觉如此阴森、神秘,仿佛暗含某种信息,尤其是在其创作者身份不明的情况下。这条街头诗句的匿名作者是想通过它表达什么意思，它对他们而言又有何种意义？是什么事件——个人危机、文化事件、某种神秘的启示——促使他们写下了它？除了加纳之外，是否还有其他人曾亲眼见过火车站墙上这条涂鸦？还是说只有加纳一个人见过？我不是想暗示这纯属他的想象，只是这句话完美无缺地体现了加纳作品中的时间漩涡，以至于显得就好像是专门留给他一个人的特别信息。也许事实的确如此，无论涂鸦作者原本的“意图”是什么。

假设这位全世界最有名的匿名知情人士是可信的，即“不是真的现在不再是”是用口红涂在墙面上的，而且是涂在此前有人用粉笔写的一对情侣名字的下面，那么这句短语的解释——从字面意思来看——似乎就流于俗套了。[①] 有人（情侣之中的一个，他们的朋友、敌人或对头，抑或一个陌生人）就这段关系的状况发表了一条评论——冷嘲热讽、感伤还是愤怒？这句话并不算陈词滥调，但无疑简单明了，也很口语化——“不是真的现在不再是”——由于省略了一个逗号而平添了一层诗意的晦涩。

① 意为这两人现在不再是情侣了。

然而,就连如此索然无味的解释也无法驱散“不是真的现在不再是”内含的阴森感。如果说加纳与此涂鸦的相遇是某种宿命的安排,那就更是加倍放大了这句话与生俱来、不可磨灭的阴森感。因为它指的如果不是一种灾难性的时间特性,还能是什么呢?现在没有了,再也没了,不是真的。这是否意味着当下已经销蚀了,消失了——现在再也不存在了?我们是否进入了未来早已被写好的“总是-已经”(always-already)时间?这样一来,所谓的未来就不是未来,不是真正的未来了?

不过现在考虑这个问题还为时过早。《红移》里究竟发生了什么样的故事?这部“小说”——对于一个玄秘色彩如此浓烈以至于显得像一首散文诗的文本来说,“小说”的标签似乎不大合适——描写了三个时空:罗马人统治不列颠时期、英国内战时期和作者当时所处的年代。

当代的情节主要围绕汤姆和简之间备受煎熬且紧张得令人窒息的关系展开。他们的爱情纠葛似乎从一开始就受尽阻碍,没有任何出路。阻力不仅来自外部——汤姆的父母对这段恋情的强烈反对;简搬到伦敦后,两人之间的物理距离——还有内部的障碍火上浇油,其中最强大、最折磨人的就是汤姆偏执的嫉妒心和占有欲，当他发现简与一个年长的男人有染时，这种病态的心理演变成了恶意，甚至是毁灭倾向。正是由于汤姆太渴望将简据为己有，太渴望宣告对她的所有权，简才最终离开了他。这样的结果引起的毁灭冲动很快就从对简转向了对汤姆自己，因为简的自主性越来越强，最后彻底与他一刀两断。

内战时期的情节讲述了一个年轻的癫痫病患者托马斯·罗利和他妻子玛格丽的故事，他们住在柴郡的巴霍姆雷村。他和其他村民被围困在教堂里，用他们临时搭建的防御工事抵御保皇党军队的进攻，这时罗利癫痫发作，不小心开了一枪，引来保皇党军队的残忍攻击。女人们遭到奸污，除了罗利之外，所有男人都被杀害。不过罗利夫妇得到了保皇党军队中最残暴的士兵之一、玛格丽曾经的恋人托马斯·维纳布尔斯的帮助，逃过一劫。

罗马占领情节的主角是马塞，从溃败的第九军团逃散的士兵之一。天真烂漫的马塞友善地对待一位遭到其他士兵强奸并囚禁的凯尔特女祭司。最后，女祭司在面包里下毒，毒死了其他士兵，然后与马塞一起逃出生天。

这三个时段之间的关系即便不是完全无法理

解，也是扑朔迷离。除了以不同形式反复出现的一些创伤元素之外，这三段情节的共通点是一件无机物：一把新石器时代的还愿斧头，它对这三对男女来说都具有象征意义。这把斧头发挥了多种功能——它似乎曾一度，且在同一“时间”标志了连续性和同时性，并起到了触发事件的作用（比如导致罗利和马塞发病）。

显而易见，《红移》揭示的并不是一种线性的时间性——在线性时间中，不同的历史事件只是简单地按时间顺序相继发生。它也并非以纯粹的并列关系呈现这三段情节，若是如此，这三段情节之间就不会表现出任何因果关系，我们顶多只能在其中看到一些相似性。我们也没有发现熟悉的科幻或奇幻套路，即通过时间“向后”和“向前”运行以便让过去、现在和未来相互影响的因果性。虽然后一种可能性与《红移》所做的事看上去十分相近，但这部小说将时间彻底打乱了，以至于我们不再确定何为“过去”，何为“现在”，何为“未来”：现在不再是真正的现在（*not really now any more*）。所以，现在是否不存在了？因为过去吞噬了当下，将其浓缩为一系列强迫性重复，而人们眼中的新事物、现在的事物，难道仅仅是第无数次重复某种过时的模式？也许这种表述最贴近《红移》中看似(解开了)纠结的冷酷宿命:倘若在某种意义上,不同的历史时刻全都是同步发生的,岂不是意味着现在并非不存在,而是恰恰相反,所有的时刻都是现在?

当我们思考《红移》与加纳其他小说,以及其他作家的作品之间的关系时,我们脑海中就会浮现出一种完全属于另一层次的阴森的重复。这部小说属于"没有来源的重复"(repetition-without-origin)。我们可以认为它拓展并强化了加纳早期的小说《独角兽之歌》(*Elidor*,1965)和《猫头鹰恩仇录》(*The Owl Service*,1967)所确立的故事模式。在1975年一次名为"内部时间"("Inner Time")的讲座中,加纳解释说,他的小说全都可以看作对一种特定神话的"表述",因此,《独角兽之歌》"表述"的是民歌《罗兰少爷和少女艾伦》[①],而《猫头鹰恩仇录》则是对《马比诺吉昂》[②]构建的威尔士神话体系下的利尤、

---

① 一首古老的苏格兰民歌,讲述了一位名叫罗兰的王子冒险去黑暗城堡中拯救自己的妹妹艾伦的故事。

② *Mabinogio*,中世纪威尔士故事集,收录了11则神话、民间传说和英雄传奇。

布洛德薇特和葛隆①神话的“表述”。至于《红移》，其原始素材则是有关塔姆莱茵（Tam Lin）的民歌。加纳每推出一本新小说，他的虚构作品与其“表述”的神话之间的关系就愈发模糊，以至于到了《红移》时期，“艾伦·加纳的《红移》与不断变化的《塔姆莱茵》民歌”，如查尔斯·巴特勒（Charles Butler）在有关该作的一篇重要论文中所说，很多人都倾向于把这种关联视作凭空想象或牵强附会。巴特勒对塔姆莱茵神话——也许最好称之为一个神话系列或一套神话系统——的概述如下：

> 民歌《塔姆莱茵》存在无数个版本。仅在童书版《英国和苏格兰流行民歌》（*English and Scottish Popular Ballads*）中就有九个版本，而这显然没有集齐全部。我们会看到，不同版本之间的差异相当大，但是故事情节基本都可以概括如下：一个名叫简妮特（在某些版本中是玛格丽特）的年轻女子不听父母的劝告去了卡特鏊（或称克顿哈、查斯特的树林、切斯特树

① 利尤、布洛德薇特和葛隆是《马比诺吉昂》第四分支里的人物，布洛德薇特是利尤的妻子，因与猎人葛隆陷入热恋，计划杀掉利尤未遂，最后布洛德薇特被变成了一只猫头鹰。

林,等等),父母担心她会被那里出没的一个名叫塔姆莱茵的年轻精灵夺去贞操。在那里,她摘下了一朵花,由此召唤出了塔姆莱茵本人。他质问她为什么会在这里,而她趾高气扬地说卡特黳是属于她的财产,她和他一样有待在此地的权利。回到家以后,她显然怀孕了。她的家人(母亲、姐妹或兄弟,还有的版本是一个家仆)大为震惊。她声称孩子的父亲是塔姆莱茵,并返回卡特黳寻找塔姆莱茵,或者(在某些版本中)是一种打胎的草药。塔姆莱茵现身了,他解释说自己根本不是什么精灵,而是一个流着人类血液的青年,在少年时代就被精灵女王抓走了。虽然与精灵生活在一起很快乐,但每隔七年,精灵就必须在万圣节那天向地狱缴纳一份“地狱十一税”,而今年很有可能轮到他当祭品。如果简妮特想要拯救他(因此给她的孩子找个父亲),她就必须采取一套复杂的行动,包括在塔姆莱茵和精灵军队骑马经过时将他从马上拽下来,在他发生一系列可怖变形的过程中紧紧抓住他,最后用她的绿色斗篷盖住他赤裸的身体。她完成了这一切要求,就这样从精灵女王手里赢回了塔姆莱茵,精灵女王则为失去了他而愤恨不已。

巴特勒有力地论证了，尽管《红移》中没有太多对塔姆莱茵神话的明确提及，却存在不少拐弯抹角的回响。最显而易见也最流于表面的映射是一些角色的名字——汤姆/托马斯和简/玛格丽是塔姆和简妮特/玛格丽特的变体，然而更深层次的回响出现在主题的层面：占有的概念（不再以超自然的形式显现，而是表现为癫痫发作、创伤性的个人身份缺失，亦即由同样的原因导致的癫狂）；还有“抓住不放”的概念（玛格丽和女祭司解救托马斯和马塞的方式）。更广义地说，汤姆和简被抛出了线性时间，落入了一种神话时间；或者不如说，线性时间的幻觉被神话时间阴森的重复性和同时性摧毁。这本质上就是《猫头鹰恩仇录》里的三个中心人物身上发生的故事：他们卷入了一场你死我活的情欲争夺，扮演了神话人物利尤、布洛德薇特和葛隆的角色。就好像青少年的性欲能量与无机的人工制品（在本作里是一套装饰有猫头鹰图案的茶具）结合在一起，触发了古老传说的重复。不过，“重复”一词用在这里是否恰当还有待商榷。也许更准确的说法是，神话被重新具现化了，这里的神话可以理解为一种结构，只要满足适当的条件就能演化成现实。然而，比起重复，神话所做的更多是把个人从线性时间中劫持出来，送入其“自身”的时间，在那里，神话每一次的复述从某种意义上来说都是头一次的讲述。此处的神话就像《石头磁带》中将科学家们引向绝路的强迫性模式。

在《红移》中，加纳其实是将他在《猫头鹰恩仇录》里的叙述转化成了一种表演。他运用压缩和省略的手法，对线性时间和叙事施以极强的压力，让它们几近消灭，读者也因此被劫持到了神话时间里。我们获得的印象是：被创伤腐蚀的并非对线性时间的感知或体验，而是时间“本身”受到了创伤——因此，我们感知到的“历史”不再是按时间顺序发生的一组随机事件，而是一系列创伤的集合。这种破碎的时间，这种历史陷入恶性循环的感觉，在三个男性主角（汤姆/托马斯/马塞）的“体验”中以癫痫发作和精神崩溃的形式体现——这里我将“体验”二字放进引号，是因为这三个角色所经历的主体性空白导致的中断似乎正好消灭了让体验得以发生的条件。因此，我认为巴特勒在主张“三个男人实际上是一个超越历史的单一人格，其一切体验都是同时发生的”时有些操之过急。你也可以反过来辩驳——与其说这三个男人在某种意义上成了“同一个”个体，不如说他们全都缺乏连贯或统一的自我意识。同理，你也可以说马塞、汤姆和托马斯并非存在于“同一个”时刻，而是存在于一种破碎的时间中，此时间的同一性、统一性和在场皆被抹消。

所以就像尼尔，加纳的作品也永远都在绞尽脑汁地思考施动性和意图的问题。自由意志缺失了，或者至少是彻底妥协了。人类的自由截然不同于“自由意志”，只有当它与一般属于相反（无意识、神话）结构的施动性对峙时才会显现，而后者则从其劫持到自身囚牢里的人身上汲取力量。风景——包括《红移》在内的许多加纳的小说里出现的柴郡风景，还有《猫头鹰恩仇录》里的北威尔士景色——是这些神话结构的关键元素。加纳在自己的小说里反复指出景观的阴森力量，提醒我们物理空间如何对感知施加影响，及特定的地域如何被创伤性事件玷污。神话就像加纳理解的那样，不仅仅等同于虚构，也不能降格为幻想。不妨说，神话是使人类生活得以可能的虚拟基础设施的组成部分。并不是先有人类再有神话，如同在生物的内核外面附加上一层文化的外壳。人类从存在之初——或者说从存在之前,个体诞生之前——就陷入了神话结构。毋庸置疑,家庭本身就是这样一种神话结构。路易·阿尔都塞(Louis Althusser)强调了人类从来都不只是生物学意义上的,他将虚拟文化基础设施称为意识形态,并认为我们无法脱离它而生活。不过,我们也可以轻而易举地切换到贾斯汀·巴顿的语域,谈一谈梦和故事。凭借对梦和故事的(阴森)力量进行的种种复杂思考,加纳的虚构作品不仅超越了天真的现实主义,也突破了奇幻的疆界。

内外翻转

玛格丽特·阿特伍德和乔纳森·格雷泽

女人身穿浴衣，面带微笑，装在一个板条箱里被锯成两半，这是一个借助镜子完成的戏法，我在一本连环画里读到过：只是到了我这儿，是一场意外让我裂成了两半。只有另一半，被锁起来的那一半，能够活下去；我是错误的一半，脱落的，终端。我不过是一颗头颅，或者连头都不是，而是像拇指一般的渺小之物；知觉全无。

他们说快乐与痛苦相伴而生，但大脑的大部分区域是中性的：没有神经，犹如脂肪。我排练情感，给它们命名：喜悦、平静、罪恶、释然、爱恨、反应、关联；产生哪种感觉就像要穿哪件衣服，你观察别人的反应然后记在心里。

但唯一存在的感觉是一种恐惧,恐惧自己并没有活着:一种否定,一根针的影子和你把针扎进手臂里的感觉之间的差别,在学校,被困在课桌牢笼里的时候我经常这样做,也用钢笔尖和圆规尖,知识的工具,英语和几何学;他们还发现了老鼠宁可有随便哪种感觉,也不愿一无所觉。我的手臂内侧布满了小针眼,如同瘾君子的手臂。他们把针扎进手臂,而我跌落,仿佛从较浅的黑暗沉入黑暗的更深处,最深处。当我从麻醉状态中苏醒过来,满目淡绿,接着是阳光,我记忆全无。

我并没觉得难受;我意识到我几乎没有什么感觉。这种状况已经持续了很久。也许我从生下来就一直如此,就像有些婴儿天生没有听觉或触觉;但若果真如此,我根本就不会注意到这一缺失。我脖子上的切口一定在某一时刻闭合了,池塘结了冰或一道伤口,把我封在了一颗头颅里……

——玛格丽特·阿特伍德,《浮现》(Margaret Atwood, *Surfacing*)

玛格丽特·阿特伍德1972年的小说《浮现》和乔纳森·格雷泽(Jonathan Glazer)2013年的电影《皮囊之下》(*Under the Skin*)提供了一对互补的阴森案例。在《浮现》中,我们从一个暧昧不明的"内部"位置移动到外部;而《皮囊之下》则是从外部感知内部。两个主角都没有名字,这一事实凸显了他们与拉康所谓的象征秩序(Symbolic order)(文化意义通过这一结构得到分配,按照拉康的说法,此结构由父之名维系)之间的不确定关系。《浮现》的叙述者逐渐感觉到自己就像一个假扮成女人的外星人;《皮囊之下》的主角则是一个真正的外星人,力图模仿人类的行为。

《浮现》的故事从一个父亲失踪之谜展开。叙述者回到了魁北克她童年的家中,寻找消失在加拿大荒野的父亲。"究竟发生了什么?"这个问题在整部小说中一直悬着,到最后也没有解决——不仅父亲没找到,就连叙述者自己也迷失了,无处停靠,没有坐标,盲目漂流——这意味着阴森的氛围永远不会消散。和加纳的作品一样,《浮现》里的地形亦对感知产生了巨大的影响——英国乡村及其内战、暴行和斗争交织并由诸多复杂因素决定的历史不复存在,取而代之的是人烟稀少的加拿大丛林空间,其中既不乏希望,又充满威胁,既开阔,又空旷得可怕。《浮现》中徘徊的鬼魂并非历史的幽灵,而是人类自身之外的或其边缘地带的空间。根据我们掌握的线索,书中的父亲痴迷于荒野、动物及其相关传说,最终迷失了自己。当叙述者进入她父亲的小屋时,发现他的文件里满是半人半兽的奇怪生物形象:是失心疯的迹象,还是准备为我们所认为的现代文明打开一条通往萨满世界的通道?借用当时流行的反精神病学话术来评价:这两种可能性之间有任何实质区别吗?难道不是任何一种对文明的真正拒斥都会导致精神分裂的倾向,让人进入与占主导地位的主体性、思维和感觉形式无法调和的外部?

从某些方面来看,《浮现》记录了 20 世纪 60 年代激进狂欢之后的痛苦觉醒。阿特伍德著名的冰冷笔触冻结了 60 年代的欲望之火,从加拿大丛林的半荒芜之地提取出一幅新景观,其诱惑与险恶不亚于文学中任何类似的描写。保守主义的解读自然而然地浮出水面——这里浮现的似乎是 20 世纪 60 年代的放纵之风自以为无须承担的后果。被压抑之物——在这种意义上意味着压抑机制本身——化身为无名叙述者的流产儿的鬼魂归来,与叙述者在一个漂浮着粪便和水母状胎儿残片的黑暗湖泊空间里相遇，污秽与夭折物在象征界的阴沟里混合在一起。这一失落之物的重组不仅未让她“重获”某种“完整性”，还破坏了叙述者无意识用屏蔽记忆和幻想巧妙构筑的脆弱拼贴画，将她从冻结的焦虑状态投射到精神错乱之中——根据保守主义的解读，这是她的放荡应得的惩罚。

对这种保守主义的解读做出反击是至关重要的，而阴森的概念有助于我们完成这一任务。阿特伍德的叙述者渐渐发现自己失去了立足之地。她缺乏被视为“普通”主体性构成要素的感受能力。她外在于自身，成了她自己眼中的神秘存在，支配性结构中的一种反身性空白：一个阴森的谜。所以，太快解开这个谜团是没有意义的，关键是要忠实地面对它提出的问题。

叙述者体验到的反文化不过是一个假象，其自由主义的话术不仅将熟悉的男性特权正当化，还为对女性的剥削和压制提供了新的理论依据。到了1972年，反文化运动推翻、取代支配性结构的梦想已经演变成一系列空洞的姿态、一套固化的修辞。如果说《浮现》拒绝了黔驴技穷的反文化摆出的肤浅姿态，它也绝不是在为反文化所批判的那个（表面上)安全稳定的世界背书。世人眼中自然演进的坚固世界——她父母的世界,依照叙述者的想象,那里的孩子在后花园里像花朵一样长大——已经一去不复返,阿特伍德的叙述者意识到了这一点,心里浮现出一丝伤感,却在陷入乡愁之前及时止步。《浮现》提出了一个开放性的问题,即如何将她的不满调动起来,而不是把它当成需要治疗的病状处理——要么重新融入象征界/文明,要么离开象征界,进入语言出现之前的自然界展开一趟净化之旅。换句话说,怎样才能忠实地面对叙述者的情感性失语症而不是寻求治愈?

从某些方面来说,《浮现》与露西·伊利格瑞(Luce Irigaray)的《他者女人的窥镜》(*Speculum: Of the Other Woman*)以及德勒兹和加塔利的《反俄狄浦斯》(*Anti-Oedipus*)等文本属于同一时代。这些作品迎难而上,试图将不满、拒斥和精神疾病当成想象力尚不能抵达的外部的痕迹,而非适应不良的症状来看待。叙述者在精神分裂的崩溃-爆发时刻,看到的幻景很像德勒兹和加塔利将在《千高原》(*A Thousand Plateaus*)中描述的"非有机生命"(nonorganic life)和"生成-动物"(becoming-animal):"他们认为我应当被死亡填满,我应当沉湎于哀悼。可是从来没有任何事物死去，一切都活着，万物都在等待成为生命。”然而，这种谵妄的状态更符合本·伍达德（Ben Woodard）提出的“黑暗生机说”（dark vitalism）而非德勒兹的理论，而在动物和水正在生成的无器官身体的区域内部流动、潜藏的物质一如伍达德笔下那不祥的“生命的蠕动”（creep of life）：“我听到呼吸声，被压抑着，暗暗观察着，不在房子里面，而是在它周围，四面八方。”象征界的坏疽之外，不仅是恶心的非语言化“生命”所在的空间，也是一切僵死的和死亡的事物被驱逐出文明之后的归宿。“这就是我抛弃死物的场所……”超越了象征界的活死亡（living death），便抵达了死者的国度：“它在我的下方，从没有生命存在的最远层向我漂来，一个黑色的卵状物，手脚拖在身后。一团模糊但有眼睛，睁开的眼睛，我认识它，一个死物，它已经死了。”

《浮现》可以被定位于20世纪60年代末/70年代初的另一个时刻：后迷幻的海洋性时间。阿特伍德笔下混着血液和其他体液的黏稠湖泊与迈尔斯·戴维斯（Miles Davis）1969年泥足深陷并于仅仅六年后就带着紧张性精神症爬出的“泼妇酿酒”① 有一些共同之处；它近似于约翰·马丁（John Martyn）在专辑《固体空气》（*Solid Air*）和《一个世界》（*One World*）中探索的深海地形：

> 苍绿色，接着是黑暗，一层又一层，越来越深，海底：海水似乎变得更黏稠，其中有针孔般的光点在闪烁、飞舞，红和蓝、黄和白，我看出它们是鱼，深渊里的居民，鳍上排列着星星点点的磷光，牙齿发出霓虹色光泽。太美妙了，我居然下潜到如此深处……

只不过这些身份消解的空间并非从一个离开象征界前来度假、既受到折磨又得到安抚的男性的角度进入，而是以一个从未彻底融入象征界之人的视角来看待的。

《浮现》就像阿特伍德后来的《羚羊与秧鸡》（*Oryx and Crake*）一样，是对弗洛伊德《文明及其不满》的一种改写，而《文明及其不满》则是 20 世纪 70

① 指迈尔斯·戴维斯录制于 1969 年，充满迷幻风格的经典融合爵士专辑《泼妇酿酒》（*Bitches Brew*），在这张专辑推出六年后，即 1975 年，戴维斯因嗑药导致的健康问题突然宣布退休。

年代初期的所有激进理论都必须对抗并清算的文本。和《羚羊与秧鸡》的结局一样，《浮现》亦结束于一个开放性的时刻，它的叙述者也就像《羚羊与秧鸡》里的“雪人”，悬浮于象征界以外的精神分裂空间和文明有所恢复的世界之间。也许《浮现》最超前的一点在于它承认了仅靠力比多、发疯或神秘主义终究无法战胜文明/大他者/语言——尽管如此，《浮现》也并不是要表达一种对现实原则的默许。“对我们来说，词语的干预是必要的。”叙述者承认道——但这里的“我们”是谁？一开始，“我们”似乎只包括叙述者和她可能要与之重归于好的恋人。之后我们可能会倾向于将“我们”理解为全人类，而这部小说将结束于一个相当简单俗套的和解：文明与一个对其不满之人最终握手言和。但若把“我们”理解成像叙述者一样无法在人类中找到适当归属的人，事情就会有趣得多——这些不满者将创造出怎样的语言、怎样的文明呢？

《皮囊之下》从一个不同的方向探索了相同的领域。这部电影可以作为一个案例研究，展现了如何从毫无潜力的素材中创造出阴森感。它的原始材料是米歇尔·法柏(Michael Faber)的小说，该作品虽然足够让人印象深刻,却没有太多阴森的氛围。或者更确切地说,其叙事的展开方式一步步消除了这种氛围,直至不留下一丝阴森的痕迹。我们很快就能看出,这是一部讽刺肉食和肉类工业的虚构科幻文学作品,它通过让人类沦为外星肉贩子的猎物,揭露了人类肉食伦理的矛盾之处,并报以幸灾乐祸的嘲笑。它也是一则由会说话的动物演绎的寓言(尽管其充满讽刺和寓意的反转无疑在于,从外星人的角度来看,人类才是“会说话的动物”,当他们沦为阶下囚时,必须被剪掉舌头)。

电影版则另辟蹊径。实际上,它是从小说的开头部分——一个年轻女人(或者看上去像年轻女人的生物)独自驾车行驶在苏格兰A级公路上,追踪着男人们——延伸开来的。在小说里,我们很快就了解到“年轻女人”名叫伊塞利,是一个经过手术改造的外星人,受雇于一家星际高级肉企业。那些被她诱入车内并注射镇定剂的男人之所以成为目标,是因为他们看上去像精品肉。

电影并未向我们披露这些信息(事实上,影片是否有保留这些叙事要件中的任何一个都要打个问号,我们无从得知主角是否叫伊塞利,或者她是否为一家肉类公司工作)。说句不成熟的看法,制造阴森感最快捷的方式就是像这样保留信息。然而正如我前面论述过的，并不是任何神秘现象都有阴森感。必须存在一种他异性，而这种他异性的感觉正是格雷泽为法柏的原始材料增添的元素。当然，这些新增元素带有一种令人费解的性质，因为事实上，电影版添加的是观众知识里的空白。法柏的小说倾向于消除外星生命的相异性，将他们与我们等同起来——皮囊之下，我们都一样（法柏通过让外星人自称“人类”强化了这一点）。相比之下，电影版不仅凸显了外星人和智人之间的差异，还剥去了人类文化的日常感和熟悉感，从一个属于外部的不确定视角展现了被人视为理所当然的事物。

在制造阴森感这一方面，电影比小说更占上风，因为它无须赋予主角（由斯嘉丽·约翰逊［Scarlett Johansson］扮演）任何内心活动。这意味着，不仅她内心活动的本质成了一个悬念，就连她是否拥有可以被认识的“内心活动”也是个值得商榷的问题。斯嘉丽的角色只能从外部观看（同样，她难以捉摸的行为和动机、她身上“普通”情感反应的缺乏，也反过来让我们从局外人的视角看待她作为捕食者活动于其中的社会环境）。她的台词简单实用，毫无修饰——也许是因为她的语言和发音能力有限(比如在电影开头,我们听到她学习用英国口音念一系列单词)。无论如何,她的台词仅限于把男人勾引上车的寥寥数语——这种事一般也无须费太多口舌,可谓一笔带过地讥讽了男性的某种性特征。除了只言片语的自我介绍之外,她从来没被人询问过更多个人信息,并且她所说的几乎每个字都是谎言。她从未表达过任何感情。当她与另一个外星人联络时,他们都不说话。他们是否有自己的语言——还是说语言只是他们为了欺骗人类才习得的?他们是否拥有我们认为自己所具备的那种感情?整部电影几乎没有告诉过我们这群生物的本质为何物,或者他们想要什么——抑或他们行动的驱动力究竟能否用"欲望"来解释。

格雷泽添加的内容中意义最重大的可能要数人类猎物被捕获的场景。在小说里,捕获仅止于男人们在座位上被下药这一简单情节。电影中的捕获则发生在某个不确定的中间地带,一个半抽象的空间,在其中,当男人们向半裸的斯嘉丽饰演的角色走近时,他们发现自己慢慢被一种黑乎乎的黏浆吸了进去。这些场景——冰川梦景,黑暗迷境——是在表现男性陷入半死亡状态时的迷乱精神状态吗?还是说,这是一个真实的夹缝空间,而黑色黏浆是外星技术的一种示范？抑或如一位评论家提出的观点，这就是外星人对性爱的感觉？电影没有给出任何答案，而接下来的场景愈发加强了噩梦般的浑浊感。我们看到了几个被捕获的男人，此时他们完全被黏浆浸没，意识微弱，身体浮肿（也许是对应小说中养肥人类猎物的情节）。当他们可怜兮兮地向彼此伸出手时，其中一个人的身体被凄惨地抽去了血肉，然后被冲走。镜头切换到了一幅看起来像是血液奔涌的画面，似乎那具肉体已被榨成了汁液。这可能是在以半抽象的画面展现小说中描述的肉类加工过程，也可能暗示了另一种（几乎无法想象的）能量传输方式。

这些碎片——如此多令人感到阴森的省略——让本片中的天外来客（如果他们确实是）和我们在电影院看过的所有外星人一样陌生。然而当斯嘉丽扮演的角色开着她的小货车行驶在偏僻的郊区公路上，或是在拥挤的俱乐部里勾搭男性，或是在格拉斯哥熙熙攘攘的大街上物色潜在的受害者时，这些场景产生了一种翻转的阴森效果。在这里，当代资本主义文化反映在一个外来者的眼睛里，变得疏离。斯嘉丽角色的单调扁平让她从外表看来就像《浮现》的叙述者描述自己内心状态时所形容的——麻木、超然。但这种表面上的麻木无疑也有可能是一种异于寻常的情感态度,或是暗示了一种不具备我们所理解的感情能力的生物存在。也许这类生物在本质上更接近昆虫,而非人类。

斯嘉丽所饰演角色的扁平与影片许多镜头的自然主义风格密切相关。影片通过这个角色获得了聚焦——观众的共感点——但由于片中没有什么观众可以共感的地方,她的功能就成了摄像机本身的一种模拟。尤其是在与路人和非专业演员互动的即兴场景中,我们受邀体验人类的行为、交流和文化,然而这一过程缺少了我们习惯赋予这些行为、交流和文化的关联性,以及通常会在主流电影中进行调停的媒介形式。由于这些场景被剥夺了大部分常规的类属、叙事和情感内容,当摄像机有效地模拟了一位外星人类学家的凝视时,自然主义便被去自然化了。

随着电影的继续,斯嘉丽的角色从捕食者转变为越来越脆弱的人类形象。这种转变是随着她逐渐被人类文化浸淫而发生的,这并非偶然,因为她似乎开始尝试理解人类的情感和关系。在一段令人不安的性爱情节中,她表现得很被动,看上去茫然无措,任由她的男伴摆布,事后她又用手电筒检查自己,好像受了重伤一样。人类的性爱陌生化了,成了陷入恐慌的外星人关注的对象。这一幕在后来有一个时刻回想起来愈发叫人胆战心惊——在另一段与小说形成反差的情节中,我们得知外星人的人类身体只是一种假体。我们是到影片令人揪心的高潮部分,一个过路的人企图强奸她时,才发现了这一点。在他攻击她的过程中,她有一块假体脱落了,在她背上扯开了一道裙子裂口似的大洞。然后外星人抛弃了被毁坏的人类假体,另一个身影——形似人类的光滑黑色形体,缺乏许多决定性的相貌特征——从其残骸中钻了出来。此时,我们看到裸露的外星人身体正在仔细查看斯嘉丽·约翰逊的脸,就像在看一个乳胶面具——这对应了前面令人印象深刻的一幕:斯嘉丽在镜子前面观察自己的裸体,表情透着一种奇怪的冷静,却不失赞赏。现在一目了然,镜子场景加倍放大了我们看镜子时"一般"会发生的自我客体化:外星人不是在看自己,而是在看她穿着的人类身体。

然而,外星人主体与人类身体-客体之间的这种脱节反倒凸显了支撑"普通"人类主体性的幻想结构。几乎没有特征的身影抛弃其人类形体的高潮画面对应了一种关于主体与身体的关系的持续性幻想。这种幻想被笛卡尔编定为一种哲学理论，即所谓的实体二元论（相信精神和身体是截然不同的事物）。然而，根据拉康的观点，笛卡尔所犯的不仅仅是一个简单的哲学错误，因为语言结构中就内嵌了某种特定的二元论，尤其是主体的语言。言说的我和被言说的我在结构上是不一样的。言说的我不具备任何积极的谓语，它有点像言说的位置本身，而确定性特征（身高、年龄、体重等）只能归属于被言说的我。所以，《皮囊之下》最后几段场景里的无特征身影就像是这个灵魂-主体，即言说的我实体化了：它不具备积极的身体谓语，只是以某种方式居于身体"内部"，但最终又可以从这个身体容器中分离出来。因此，该片对我们的最终贡献在于，它点出了我们对主体与客体、精神与身体的不稳定叙述所固有的阴森性。

身体与精神之间的关系内含的阴森性是安迪·德·埃蒙尼（Andy de Emmony）2010 年的 BBC 电视剧《吹哨吧，我会来找你》的主题，该剧改编自 M. R. 詹姆斯的同名小说，我们在前面的章节中讨论过这部作品。在这个被改得面目全非的电视剧版中，痴呆症将帕金的妻子变成了紧张性精神症缠身的空壳，让他饱受折磨："一具超越了人格存在的肉体：比任何幽灵或僵尸都要可怕。”“我们的身体内部空无一物，”该版本中的帕金刻薄地宣称，“这些机器里面没有鬼魂。人是物质，而物质会腐烂。”然而，帕金自己的说法恰恰证明了机器中有鬼魂，言说的主体本身就自带某种与生俱来的幽灵性。毕竟，能谈论内部是空的、人是腐烂物的还能有谁呢？也许不是什么实体性的主体，而是言说的主体，换句话说，也就是由语言这种脱离肉体的不死之物构成的主体。主体宣告自身的虚无，这一行为并非陷入了述行冲突（performative contradiction），而是指出了一种源于主体性本身的无法根除的二元论。帕金这样的唯物主义者的境况（换言之，我们的境况）就是，我们虽然明白所有主体性都可以简化为物质，也没有任何主体性能够在身体死亡后继续存在，却依然无法将自己经验为纯粹的物质。一旦承认身体是经验的基层先决条件，我们就不得不立马接受这种现象学二元论，原因恰恰在于经验与其基层可以互相分离。机器中有鬼魂，我们就是它们，它们就是我们。

异星痕迹

斯坦利·库布里克、安德烈·塔可夫斯基、克里斯托弗·诺兰

《皮囊之下》向我们展示了一种阴森版的第三类接触:外星人在我们之中。(尼古拉斯·罗伊格的《天外来客》[*The Man Who Fell to Earth*, 1976]是对这类接触的另一种诠释,而大卫·鲍伊[David Bowie]扮演的牛顿可以算是斯嘉丽版外星人的银幕原型,尽管牛顿充满乡愁的流亡流露着一种浪漫的悲怆之情,这是《皮囊之下》里更晦涩难懂的天外来客不具备的气质。)之前讨论"夸特马斯"系列最终作的时候,我提到过与外星生命有关的另一个阴森版本。这个版本里的外星人没有直接出现,其物理形态及本体论和形而上学特征从头到尾都没有揭晓,我们只能通过其遗留的影响和痕迹来感知它的存在。现在,我们必须单独探讨一下这一类接触。

对外太空的思考很容易引起一种阴森的感觉,

因为这方面的思考不可避免地会牵涉到施动性的问题。深空中究竟有没有生命存在——如果存在施动者,那它们的本质又是什么?因此当我们看到现实中有那么多科幻小说都令人失望地缺乏阴森感时,不免会感到惊讶。

也有一些科幻片与这种潮流背道而驰,顶住了实证压力,拒绝将外星人从幕后带到台前,斯坦利·库布里克(Stanley Kubrick)的《2001 太空漫游》或许是其中最为著名的范例。该片中的图腾石碑可以算是典型的阴森物体,引出了外星生命的施动性之谜。(石碑与捷尔吉·利盖蒂[György Ligeti]充满肃穆感和他异性的音乐结合在一起,加强了弥漫在整部电影中的阴森感。)石碑的"非自然"性质——其直线性、平坦和不透明的光泽——让人不得不推断它必定是某种更高智慧的生命的创造物。这里的逻辑类似于所谓设计论(argument from design)的一种世俗版本,该理论主张自然界许多方面的功能性、目的性和系统性让我们只能假设有一个超自然的设计者存在。库布里克在对这些题材的处理上鲜少涉及神学,也没有积极地刻画石碑的制造者可能是怎样的一种实体。介入人类历史的智慧生命的本质和此次介入的目的一直到最后都秘而不宣。电影只给我们留下了微乎其微的信息,在此基础上,我们可以自行推测。除了石碑本身,影片中还有一个模拟的酒店房间,看上去普通得令人不安,在电影结尾,宇航员大卫·波曼待在里面准备完成他暧昧不明的变形,成为所谓的“星之子”。酒店房间可能暗示了智慧生命希望让波曼感觉宾至如归,即便如此,其根本动机依然让人费解:这一居所的建造究竟是出于对一个远离了所有熟悉事物的人类生物的关怀,还是说那些神秘莫测的智慧生命推测酒店房间会是一个更好的实验空间,在其中更方便对他进行观察?

(这几段情节涉及一台有感知能力的计算机“哈尔”[HAL],它掌控着“发现一号”宇宙飞船的系统,因而在更小的范围内提出了有关施动性的问题。哈尔没有身体,但它有一个器官——红光传感器——和一副异常冷静的嗓音。它无疑拥有施动性,然而,其施动性的本质和作用范围,即驱使哈尔反抗“发现”号船员的原因,成了电影这一部分的关键之谜。有一幕中,我们看到波曼一点一点毫不留情地拆解了哈尔,与此同时,哈尔的声音有如精神崩溃一般逐渐瓦解,此时我们面对的是意识和让意识得以存在的物质硬件之间的阴森的脱节。)

库布里克对阴森系电影的另一大贡献是《闪灵》，这又是一次“元类型”(meta-generic)的介入。这部影片的类型是恐怖片或鬼片，所以我们理所当然地认为其中未现真身的存在者是幽灵，而不是外星人(尽管事实上它们完全有可能是某种外星智慧生命)。从科幻片到恐怖片的类型转换还暗含了另一种变化，即影片里兴风作浪的阴森势力不再给人善意或至少是中性的感觉——正如我们在《2001 太空漫游》中很可能会得出的结论——相反，我们会先入为主地假设这一切的幕后操纵者是邪恶的。当然，恶和善只是相对于特定实体的利益和视角而言的，正如尼采有关鹰与羊的寓言对我们的警示。尼采告诉我们，对羊来说，鹰是邪恶的，羊想当然地以为那些凶猛的禽鸟仇恨它们。事实上，鹰绝不仇恨羊——毋宁说它们对羊的态度近乎喜欢，甚至是爱：毕竟，羊肉十分可口。尼采用喜剧方式讲述的故事，到了《闪灵》里则呈现为一个阴森的谜，到最后也没有解开，正如在其同名小说中一样。

《闪灵》里的眺望酒店是《石头磁带》里的房间的巨大化版本：一套记录系统，这座建筑物中发生过的暴力、暴行和惨剧会被敏感的精神器官储存起来并回放,这种精神器官的拥有者都具备心灵感应式的"闪灵"能力,比如杰克·托兰斯和他的儿子丹尼。杰克逐渐从他与妻子温蒂和丹尼同处的当下抽离,进入了一种永恒的时间,在这里,不同的历史时刻被合并和压缩。(这种精神分裂式的同时性时间或许与加纳的作品《红移》里的汤姆所处的时间有几分相似。)然而影片又给出暗示:那些轮番登场引诱、威吓杰克的幽灵都是和他本人一样的生物,都是被卷入眺望酒店灾厄之力的不幸之人。酒店背后真正的操控者从头到尾都没有现出真身。杰克在与幽灵酒保劳埃德的一场对手戏中探究了这个问题:

劳埃德:对您是免费的,托兰斯先生。

杰克:免费?

劳埃德:您的钱在这里用不上。来自房子的指示。

杰克:来自房子的指示?

劳埃德:喝个痛快吧,托兰斯先生。

杰克:如果有人请我喝酒,我会想知道那人是谁,我就是这种人,劳埃德。

劳埃德:这不是您该操心的事,托兰斯先

生。至少现在还不是。

“房子”究竟是何人或何物，它的目的是什么？杰克没有再追问，而电影就像小说一样，也未给出明确答案。我们一次也没有见过眺望酒店真正的管理者。在小说中，眺望酒店里狂欢的实体们不断重复着一个指令：“揭下面具！”（指涉了本作的一个主要互文文本，爱伦·坡的《红死病的面具》[“Masque of the Red Death”]。）但无论是在小说还是电影里，控制着酒店的生物都不曾显露过自己的全貌。与其说它们没有露面，不如说它们好像没有面孔可露。小说里出现过的最接近它们本质形态的形象似乎是一个蜂窝，无数虫子密密麻麻地挤在一起。如罗杰·卢克赫斯特（Roger Luckhurst）在探讨《闪灵》的近作中指出的，蜂窝的画面虽然没有出现在《闪灵》电影里，但可能通过利盖蒂《远方》（*Lontano*）中微复调[①]蜂鸣的插入转化成了声音。

但这些生物究竟有何目的？我们只能判定它们是以人类的痛苦为食的存在。从特定的角度来

① Micropolyphony，匈牙利作曲家利盖蒂提出的一种复调音乐织体，由多条密集的卡农线组成，它们以不同的速度或节奏移动，从而形成垂直的音簇。

看，它们似乎是“邪恶”的——然而这种角度本质上就是尼采的羔羊视角。毕竟，就人类自己的食物来说，绝大多数人都没什么立场去评判其他的生灵。

《闪灵》的另一个阴森维度由眺望酒店的宿命之力开启。杰克被告知他“一直都是（酒店的）管理员”。从某种意义上说，这指向了酒店本身的“永恒”时间，即杰克逐渐发现自己被吸入的、存在于线性钟表时间之外的时间。不过它也可能指将杰克引向眺望酒店管理员位置的影响链和因果链：他在自己父亲手里受过的虐待，他作为作家的失意，他的酗酒，他醉酒后对丹尼的伤害……酒店的影响可以追溯到多久以前？

安德烈·塔可夫斯基自20世纪70年代以来拍摄的两部伟大影片——《索拉里斯》和《潜行者》——进一步拓展了外星系的阴森风格。在这两部作品中，塔可夫斯基都颠覆了其改编的原著小说：斯坦尼斯拉夫·莱姆（Stanislaw Lem）的《索拉里斯星》（1961）及鲍里斯·斯特鲁伽茨基（Boris Strugatsky）和阿卡迪·斯特鲁伽茨基（Arkady Strugatsky）合著的《路边野餐》（*Roadside Picnic*，1971）。塔可夫斯基剔除了小说中讽刺、滑稽和荒诞的元素，专注于探讨他一贯关注的信仰和救赎问题。不过，他仍保留了原作的核心关注点：与未知之物的接触。

《索拉里斯》描绘了一颗所谓有意识的海洋行星。塔可夫斯基淡化了莱姆小说中占很大篇幅的“索拉里斯学”，即围绕这颗行星发展出的不计其数的推测和假说。相反，他集中刻画了索拉里斯星对心理学家克里斯·凯尔文的冲击。当凯尔文抵达环绕索拉里斯星的轨道空间站时，他发现他的朋友吉巴里安博士已经死了，剩下的两名驻站科学家形迹诡秘，大部分时间都躲在自己的舱室里。当凯尔文的亡妻哈莉的一个拟像出现之后，他很快就明白了两人躲躲藏藏的原因。哈莉在几年前自杀身亡，而现在出现的这个她看上去精神非常混乱，什么也不记得，也不知道自己身在何处。科学家们把这样的幻影称为“访客”，而他们每个人都有自己需要面对的“访客”——由索拉里斯星发送的一种信息，其目的和意图不明。凯尔文感到既恐慌又厌恶，最后将“哈莉”塞进一个太空舱，发射到了宇宙中。然而，“哈莉”——不如说是另一个版本的“哈莉”——又回来了。在全片最令人毛骨悚然的一幕中，我们看到“哈莉”的连衣裙上没有拉链。为什么没有？

因为索拉里斯星是根据凯尔文的记忆构建的“哈莉”，而他对那条连衣裙的记忆（就像一般的记忆一样，朦胧且不完整）并不包含一条拉链。

索拉里斯星在图谋什么？它是否有所图，还是说我们最好将它的通信当作某种自动发射的信息？它派遣访客的目的是什么？你几乎可以把这颗行星视为一种外化的无意识和精神分析师的结合体，它不断向科学家们发送他们压抑在心里有待纾解的创伤材料。抑或这颗行星对悲伤的本质做出了荒诞的“错误理解”，然后如同一个天生就拥有强大力量的婴儿，对自己所“认为”的人类愿望予以满足？当互不匹配的智能、认知和沟通模式发生对峙，或者更准确地说，对峙失败时，影片便打开了一条阴森森的死路。索拉里斯海洋壮美的他异性也成了影史上关于未知的伟大名场面之一。

在塔可夫斯基的《潜行者》里，外星的痕迹存在于“禁区”（the Zone）中，在这个空间里，外界通行的物理定律似乎全都失效了。《索拉里斯》隐含的有关愿望满足的童话主题成了《潜行者》的主要关注点，而《潜行者》则围绕这样一个核心概念展开：在禁区内部存在一个“房间”（the Room），可以为进入其中的人实现内心最深处的愿望。“潜行者”是自学成才的民间禁区专家，带领好奇者探索这片险恶而奇异的空间。在斯特鲁伽茨基兄弟的原著小说中，潜行者隶属于一套专事从禁区搜刮文物的犯罪网络。塔可夫斯基电影里的潜行者保留了反叛者的形象——影片初期的一些情节展现了他带领自己的队员穿越围栏、军事检查站和炮兵阵地的场景——不过他的动机现在更偏向精神性的而非物质性的。潜行者对禁区的秘密心怀敬畏，对其危险和变化莫测保持敏感，希望他人可以通过接触它的奇迹脱胎换骨。然而令潜行者大失所望的是，这一次跟他前往禁区的两个以泛称为名字的人物——“作家”和“科学家”——表现得过于愤世嫉俗，而且疑神疑鬼，这样的精神状态并不适合探索禁区。不仅到达“房间”的旅途危机重重——就连“房间”本身也充满了危险。我们得知另一个潜行者“豪猪”在害死他的兄弟之后去了“房间”。然而“房间”并没有将他的兄弟送还给他，而是给了他金钱。在满足人们最深层愿望的同时，“房间”也对他们的本性做出了判决。

《潜行者》的不同凡响之处在于，它没有使用任何特效就构建出了一个阴森的空间。塔可夫斯基的取景地位于爱沙尼亚一个氛围极不寻常的地方：

一个荒草蔓生的空间，其中，人类留下的废墟（废弃的工厂、坦克陷阱、掩体）被复苏的植物占领，地下隧道和废弃仓库被征用为梦境的地貌，一种反常的地形，里面处处是陷阱——更像是形而上学和存在主义的陷阱，而非直接的物理威胁。这里没有任何事物是规律的：时间和空间都能以不可预料的方式弯曲、折叠。观众并不是通过这片地域本来的面目来理解它的性质，而是通过潜行者的艺术性直觉来感知。潜行者行事小心谨慎，时刻警惕潜在的危险，既依赖既有的知识，也了解禁区的多变性常常会将过去的经验淘汰出局，由此唤起一个充满无形的危险与机会的空间。在未知面前保持谦卑，同时全心全意投身于对外部的探索，可以说，潜行者提出了一种关于阴森的伦理学。

对塔可夫斯基来说，禁区主要作为一个考验信仰的空间而存在。他避开了斯特鲁伽茨基兄弟在小说标题里提出的构想，即禁区可能只是一个意外。比起某种天意安排的神迹，斯特鲁伽茨基兄弟更想表达的是，禁区及其所有“神奇”的属性也许不过是外星人一次路边野餐后不小心留下的垃圾。在这里，阴森成了一个荒诞不经的笑话。

天意的问题居于克里斯托弗·诺兰(Christopher Nolan)的《星际穿越》(*Interstellar*,2014)之核心,这部电影是一次众心所向的回归,在21世纪的当下带观众回到了由库布里克和塔可夫斯基标记出的一块领地,尽管21世纪的电影版图迄今为止都未曾给阴森留下多少空间。影片立足于一群似乎心怀善意的生物——被称为“他们”——天意使然的介入,“他们”的目的似乎是帮助人类逃离一颗病入膏肓的星球。最初,“他们”制造了一个虫洞,由此打开了进入另一个星系的可行性。到了电影的末尾,我们得知“他们”并非真正意义上的外星人,而是进化至能够进入“第五维度”的未来人类,他们因此得以走出第四维度——时间。然而,“他们”的他异性并没有因为未来人这一身份的揭露而打折,因为这群人类的本质依然隐而不显。可想而知,他们必定与我们差异巨大——未来是一个异世界的国度。我们只能通过留下的一些痕迹来认识这个未来的物种,比如他们建造的虫洞,还有神秘的五维“超正方体”(Tesseract),即库珀在电影高潮部分进入的地方,其中,时间就像空间一样分布。

因此,天意的介入原来就是一种时间循环,未来的人类对过去采取行动,以便为自己的生存创造条件。在这个时间循环中，还存在其他的时间异常事件——其中最值得一提的是，领导太空任务取得最终成功的宇航员库珀成了他女儿墨菲所遭遇的“幽灵”。在五维超正方体中，库珀拼命地想与墨菲取得联系，让她把过去的自己留在家里，而不是去启动那个会让他错过女儿绝大部分人生的太空任务。这一时间异常事件存在一种奇怪的无效性。如果库珀成功说服了过去的自己留下来，该任务就不会开始（或者至少他不会成为其领头人）；然而他身处超正方体中并能与过去的墨菲联络这一事实本身即意味着他必定失败了，因为他最终还是领导了这项任务。

库珀领导的任务是一次逃离地球的尝试，因为这颗星球已染上了真正意义上的枯萎病——作物无法生长，人口快速减少，要不了多久就会变得彻底不适合人类居住。库珀受到招募，为彼时已变成地下组织并在暗中活动的美国国家航空航天局（NASA）工作。NASA的领导人约翰·布兰德据说构想了两套拯救人类种群的计划：计划A是向太空发射离心机，以建立空间站；计划B是通过土星附近的虫洞到达三颗可能存在的宜居行星，并在其中一颗上殖民。这三颗行星是在十年前的一次太空任务中被发现的。事实上，当时一共派出了十二艘宇宙飞船，但只有宇航员米勒、曼恩和爱德蒙兹驾驶的三艘飞船传回了信号，表明它们抵达了可开发的星球。

影片呈现了一组对比：一边是淡漠的宇宙幻景，另一边是由一种物质之神（物质的意思指它与人类的技术有关，而不是超自然的施动力量）塑造的世界。电影中最具震撼力的几个场景——"米勒的行星"上的场景——展示了一幅冷漠无情、苍凉肃穆的自然画卷。这颗海洋行星的表面完全被水覆盖，有点像索拉里斯星无生命的孪生兄弟。索拉里斯星使人产生种种无解的猜想——这颗行星究竟怀有何种目的和欲望？——米勒的行星则无声地展现了一个无意图世界的决定论。在这颗行星表面无边无际的海洋上，一次又一次的海啸与静默全都是没有目的的行动，没有原因的结果。正是目的性施动者的缺席激起了一种阴森的感觉（这里怎么可能什么都没有？）。"冷漠"一词归根究底也许并不准确，因为它暗示了一种未被使用的意向能力的存在。可以说，沉默的自然甚至算不上冷漠：它压根儿就缺乏冷漠的能力。即便如此，如果将施动性简单地定义为使事情发生的能力，那它也可以说是施动性的冰点状态。米勒的行星充满了因果关系,它缺少的是一种带有计划性或目的性的智能。

这颗行星的场景——船员们意识到它是一片无法维系生命的贫瘠海洋,他们将海啸误认为山脉,他们拼命逃离排山倒海的恐怖巨浪——本就令人绝望,雪上加霜的是,他们意识到由于附近黑洞的扭曲效应,米勒的行星上的每一个小时都相当于地球时间的七年。我们知道这让库珀尤其痛苦,因为他渴望回到自己的孩子身边。当库珀回到飞船上时,他得知计算出了差错——就在他们待在米勒的行星上的期间,地球上已经过去了二十三年。在令人心碎的一幕中,库珀查看着孩子们在过去二十年间发送给飞船的信息,眼睁睁地看着他们在短短几分钟内长大成人。

爱是本片的一大主题,尤其是父母与子女间的爱。库珀和他女儿墨菲之间的爱最终让布兰德的A计划取得成功——两人之间的牵绊让身在超正方体内的库珀成功向墨菲发送了解开A计划的基础方程式所需的数据。尽管两人之间的爱是贯穿全片的核心感情线索,这份爱却以悲剧告终。直到墨菲临终之际,他们才得以重逢。由于相对论的影响,库珀的外表看上去和他离开地球时没有多大区别，而此时的墨菲已是老态龙钟，生命到了尽头，库珀就这样错过了她的一大半人生。

在影片更早的“永恒”号飞船上的一场戏中，艾米莉亚·布兰德（约翰的女儿）为爱是来自“更高维度”的力量这一观点辩护：

库珀：你是科学家，布兰德。

布兰德：所以请听我说，爱不是我们凭空创造出来的。它是……可以观测到的，有力量的。它必定有某种意义。

库珀：爱有意义，没错。社会效用，社会纽带，养育子女……

布兰德：我们爱着已经去世的人。这有什么社会效用呢？

库珀：并没有。

布兰德：也许它的意义不止于此——也许还有我们暂且无法理解的意义。也许它是某种证据，我们无法用意识感知的某种更高维度的创造物。我被牵引着穿过宇宙，去往另一个人身边，而我已经有十年不曾见过他，我也明白他大概已经死了。爱是我们所能感知到的事物中唯一超越时间和空间维度的存在。

艾米莉亚·布兰德关于爱的宣言绝非没有私心。她是在船员们决定去曼恩的行星还是爱德蒙兹的行星时说出这番话的。布兰德想去爱德蒙兹的行星,但驱使她做此选择的原因在于,爱德蒙兹是她的恋人。因此,她有动机相信爱是一种自带超自然魔力及能量的神秘力量。然而最后的事实证明她是对的,至少爱德蒙兹的行星的确是正确的选择。唯有它拥有可孕育生命的环境:如我们所见,米勒的行星是荒凉的海洋,而曼恩的行星则是冰封的荒原。

对此,我们的第一反应很可能是嗤之以鼻,觉得这不过是媚俗的煽情。但在一定程度上,《星际穿越》打动人心的力量正是来源于它甘愿冒此风险,丝毫不惧怕让自己显得幼稚,或是在情感和概念上用力过猛。在这里,影片开启了一种阴森之爱的可能性。爱从看似(过度)熟悉的一侧移动到了未知的一侧。诚如布兰德所言,爱是未知之物,但可以被研究、被量化:它成了一个阴森的施动者。

“……阴森萦绕不去”
琼·林赛

他们看到体育馆的墙壁渐渐褪去了颜色，变得晶莹剔透，天花板像花朵一样绽开，伸向悬岩上方的璀璨天空。那块岩石的阴影如流水般荧荧发亮，流过微光闪烁的平原，他们坐在桉树底下那片温暖干燥的草地上，正在野餐……

——琼·林赛，《悬岩的野餐》（Joan Lindsay，*Picnic at Hanging Rock*）

压轴的一篇必须留给琼·林赛[1] 1967 年的小说《悬岩的野餐》。不仅因为《悬岩的野餐》包含失

① Joan Lindsay(1896—1984)，澳大利亚著名小说家、剧作家、散文家。《悬岩的野餐》出版于 1967 年，是林赛最享誉盛名的作品。

踪、失忆、地质异常、氛围感极强的地形等元素，堪称阴森型小说的教科书式范例，更因为林赛版本的阴森有一种积极正面、令人目眩神迷的闲适魅力，这样的特点在其他阴森型文本中并不多见，即便有，也受到了压抑。林赛与M.R.詹姆斯恰好相反。詹姆斯，如我们所见，总是将外部营造成危险之境，充满死亡的气息，《悬岩的野餐》则让人看到了一个不一样的外部，虽然其中亦不乏恐怖和危险，却也包含一条通道，带人超越普通经验的各种琐碎压抑和逼仄局限，进入如梦一般澄明的高空大气层。

《悬岩的野餐》向我们展现了，有时候失踪比闹鬼更让人难以忘怀。你可以说在《悬岩的野餐》中什么都没有发生。无事发生的意思不是说没有任何事件——尽管这部小说的核心是一个未解之谜。并非如此：无事发生，指有一种缺席突然闯入了经验的现实——这个故事讲的正是被打开的缺口及其产生的扰动。

居于小说核心的失踪事件发生于一次情人节的野餐期间，地点是澳大利亚维多利亚州一个名叫“悬岩”(Hanging Rock)的地方。高悬于小说中状若沉思的悬岩就像奥斯卡·多明格斯(Oscar Dominguez)或马克斯·恩斯特用贴花转印的脊椎景观[①]之一;它是来自人类诞生数千年前的远古时代即深时(deep time)的地质遗迹。它只以碎片形式显现在人们眼前,其迷宫般的空间与另一个外星人野餐的地点即塔可夫斯基的“禁区”一样危机四伏。到了最后,悬岩的一部分地形——既是物理空间,也是精神空间——似乎只能通过一种错乱的精神状态找到方向。这种平静的谵妄是彼得·威尔(Peter Weir)1975年忠于原著的电影改编版中占支配地位的情绪,该片中的时间(和叙事)保持着令人痛苦的悬停状态,一种缥缈的宿命论主宰着一切。

那次野餐是一所私立女子寄宿学校阿普尔亚德学院为学生组织的一日游活动。阿普尔亚德学院所处的环境与英国有天壤之别,却着力复刻维多利亚时代的英格兰一隅,看上去就像马格里特画作中有悖逻辑的物体一样坐落在四周的风景中间。悬岩映衬着学院充满优雅的束缚感、荒诞十足的服饰及礼仪,让我们意识到了殖民项目内在的超现实主义:

---

① “贴花转印”(decalcomania)是超现实主义艺术家奥斯卡·多明格斯和马克斯·恩斯特惯常使用的一种起源于18世纪50年代雕刻工艺的绘画技术,方法是将水粉颜料涂于一张纸或薄玻璃片表面,然后压在画布或纸张上。这里所说的脊椎景观指多明格斯用这种技术压印出的受侵蚀的岩石状图案。

吃饱喝足的姑娘们懒洋洋地倚靠在树荫下,压迫腹腔神经丛的束身胸衣、蓬大的衬裙、棉质长筒袜和童靴阻隔了她们与大自然的土地、空气和阳光接触,她们就跟相册里的人像似的,在软木橡树皮做的假岩石和硬纸板树前面随意摆着姿势,与周围的环境格格不入。

野餐期间,四名学生——米兰达、伊迪丝、玛丽昂和艾尔玛——及学院的数学老师葛丽塔·麦克劳决定爬上那块悬空的岩石。攀登悬岩的旅途一开始似乎没有什么异样——闲聊,八卦,几句关于悬岩古老年龄的讨论。只是玛丽昂的一段古怪发言率先打破了气氛:“下面那群像一堆蚂蚁似的人能干什么呢?没有目标的人多得出奇。虽然他们大概正在执行自己一无所知的某种必要功能。”仿佛玛丽昂已经和下面的世界脱离了联系,仿佛她已经跨越了一道阈限。当四人看到一块巨石——“一块孤零零地露出地面、表面满是小坑洞的岩石,像怪物的蛋一样悬在陡然坠入平原的崖壁之上”——以后,气氛急转直下。四人立刻被疲乏感击倒,一齐陷入昏睡。然后焦点转到了伊迪丝的视角。她

惊醒过来,要求回家。但其他人此时似乎进入了某种异变(恍惚)状态:

> “米兰达,”伊迪丝又说了一遍,“我感觉糟透了!我们什么时候回家?”米兰达神色古怪地望着她,就好像没看到她一样。当伊迪丝更大声地重复这个问题时,她干脆转过身去,沿着上坡路走掉了,其他两个人跟在她身后不远处。唔,几乎不能算是走路——她们赤着脚在石头上滑行,就像曳步走在客厅的地毯上。

米兰达、玛丽昂和艾尔玛滑走了,消失在巨石背后。伊迪丝尖叫着跑下了悬岩。当她回到野餐地时,“又哭又笑,裙子撕成了碎布条”,至于她和其他学生是在哪儿走散的,她无法给出任何线索。人们搜遍了悬岩,但既没有找到三名学生,也没发现麦克劳小姐。(几天后,伊迪丝声称她想起自己曾在岩石上见过麦克劳小姐,可不知为何她身上的衣服不见了,只剩下内衣。)随后几天的初步搜查一无所获。然而,又过了几天,艾尔玛在悬岩上被人发现了,她的衣服被撕破,束身胸衣也不见了。她丧失了记忆,无法解释悬岩上究竟发生了什么。小说剩下的部分也没有向我们透露更多信息。最后，由于悬岩事件相关的丑闻，阿普尔亚德学院倒闭了，失踪事件成了一桩悬案，始终没有得到解释。

与此同时，《悬岩的野餐》具有一种创造“真实效果”的能力，我认为这也是其阴森感的来源之一。这部作品虽然纯属虚构，却被广泛误认为是基于真实故事改编的。林赛有意促成这样的反应：她使用真实的地名（悬岩本身也是现实中存在的一种地质构造），用一种客观的记录手法创作小说。这部小说的创作技巧包括用现实主义的传统手法重述经典童话故事——年轻女性被绑架到另一个世界。这种传统之一就是给事件安上一个精确的日期。据书中记载，三名女性失踪于 1900 年 2 月 14 日。值得注意的是，1900 年恰好是弗洛伊德理想中的《梦的解析》(*The Interpretation of Dreams*)出版年份（众所周知，此年份是虚构的：事实上，弗洛伊德的文本出版于 1899 年，但他希望它能拥有一个更具划时代意义的出版时间）。然而《悬岩的野餐》并非设定在我们的 1900 年，因为现实中的 1900 年 2 月 14 日是星期三，而不是星期六。

不过这个故事之所以被人当真，最重要的原因还是在于它的谜团没有得到解答。拉康提过一个有关古希腊画家宙克西斯(Zeuxis)和帕拉西奥斯(Parrhasios)的故事,可以作为比喻。宙克西斯画了一串极其逼真的葡萄,以至于引来鸟儿啄食。与此同时,帕拉西奥斯画了一张帷幕,宙克西斯要求他把帷幕拉开,以看看他究竟画了什么。由于缺乏解释,《悬岩的野餐》成了帕拉西奥斯画作的类似物。它变成了一层面纱,一个谜,其不确定性制造了一种错觉:帷幕后面一定有什么东西。

这部小说似乎证明了一个观点:要想创造并维持一种阴森感,只需隐藏信息即可。就《悬岩的野餐》来说,情况的确如此:这部作品是经过删节之后出版的。林赛曾在初稿的最后一章对失踪之谜做过一些解释,结果在出版商鼓动下,她将这一章从最终版的书里拿掉了。"第18章"最后独立成书,以《悬岩的秘密》(*The Secret of Hanging Rock*)之名出版。

毫无疑问,原来的第18章肯定会在一定程度上削弱这部小说的"真实效果"。被砍掉的章节在语气上发生了显而易见的变化。小说前面部分的暗示性特征——暗示了外部、日常世界之外的某种事物——现在让位于对这段反常经历相当清晰的叙述。这一章差不多从伊迪丝逃跑的地方开始讲起。米兰达、玛丽昂和艾尔玛感到自己被巨石“从体内扯了出来”。她们昏睡了过去。醒来之后，她们的感官像被致幻剂打开一般，对周围的环境有了更敏锐的感知。一个只穿内衣的年长女人出现了——看起来像是葛丽塔·麦克劳，但她在小说中不叫这个名字，其他角色也没有认出她来。当这个年长的女人晕倒时，米兰达解开了她的束身胸衣。这促使玛丽昂建议所有人都“脱下这荒谬的装束”——于是三个学生也脱下了束身胸衣，将其扔下了悬岩。接下来的一幕可能是第18章中最让人印象深刻的画面：紧身胸衣并没有马上掉到地面，而是悬浮在悬岩旁边的半空中。时间停止了吗？当然，我们现在已经脱离了钟表时间：也许置身于梦境时间。（在《悬岩的秘密》收录的一篇评论文章《对第18章的评注》[“A Commentary on Chapter Eighteen”]中，伊冯娜·卢梭[Yvonne Rousseau]指出，束身胸衣悬浮在空中的画面包含一个双关语——梦的压缩之产物——它来源于一个事实：“corset”[束身胸衣]在英文中有一个别称是“stay”[停留]。）一个“空间里的洞”出现了：“大约是夏天的满月大小，来了又去。如同画家和雕塑家看待一个洞穴，她将它看作一个自在之物，赋予其他形状以形状和意义。作为一种在场,而非缺席……”这个洞消失之后,她们看到一条蛇爬进了一个小洞里。年长的女人说她会跟它走,不知何故,她变成了一只螃蟹,钻进了那个狭小的空间。一个信号之后,玛丽昂跟了过去(这里没有提到任何动物—生成,也没有说明她如何将自己的身体塞进那个小洞里)。轮到米兰达的时候,吓坏了的艾尔玛哀求她不要去,然而米兰达并不理解她的恐惧和犹豫,也进入洞中。剩下艾尔玛独自一人在外面等待。不知过了多长时间,一块巨石滚到了那个洞上。本章最后一幕是艾尔玛——此刻大概意识到她无法穿越到另一端了——死命拉拽着那块巨石。

这部小说的最终版本——没有第 18 章——不仅没有揭开谜底,还让这部作品的类型变得模糊不清(它属于现实主义文学? 谋杀悬疑小说? 奇幻? 还是科幻小说?)。就算加入第 18 章也不会让它的类型变得明确,但可以排除掉一些可能性。比如,这样一来,我们就不太可能将它当成谋杀悬疑小说了。然而第 18 章在揭开悬念的同时,还创造出了同样多新的悬念。悬岩上的经历是在哪种状态下发生的? 是该把它们当成真实发生的事,比方说,葛丽塔·麦克劳真的变成了一只螃蟹,还是该把它们理解为某种药物中毒状态下的产物?(若是后一种情况,那么对这一连串事件的解读还是可以回到某种现实主义的角度。)原书字里行间隐隐透露了女人们穿过门道进入外部之意,引导我们将《悬岩的野餐》看成一个怪谈,第 18 章则将小说推进怪异和阴森之间的某个地带。可以确定的是,第 18 章并没有简单地回答小说提出的谜题。正如伊冯娜·卢梭所说:"琼·林赛最初的意图终于揭晓——但她并不打算解除这个谜。《悬岩的野餐》的地形变得清晰,但阴森萦绕不去。"

阴森在一定程度上关乎笼罩着悬岩事件的情感氛围。贾斯汀·巴顿将这种氛围称为"太阳性恍惚"(solar trance),它体现为一种积极正面的宿命论。一开始,这种宿命论表现为表面上的空缺(应该存在的东西不存在)。随着几个女性角色落入悬岩的控制,她们的激情似乎被剥夺了。然而激情,包含恐惧在内,都是日常世界的依附物。对艾尔玛来说,正是恐惧和她无法斩断的对日常生活的依恋(林赛对艾尔玛的最后一段描述提到了她的刺绣技艺)最终阻止了她的穿越。她无法看透扔掉束身胸衣这一行为中蕴含的东西。相反,玛丽昂和米兰达充分准备好了向未知迈出脚步。她们的身体被一种阴森的平静占据,一旦有机会压制属于日常的激情,这种平静就会降临。她们人间蒸发了,而她们的消失将会留下一片阴魂不散的空白,暗示外部阴森的存在。

参考文献

书

Atwood, Margaret. (2013). *Oryx and Crake*. London: Virago

—. (1997). *Surfacing*. London: Virago

Ballard, J. G. (2014). *The Drowned World*. London: Fourth Estate

Barton, Justin. (2015). *Hidden Valleys: Haunted by the Future*. London: Zero Books

Borges, Jorge Luis. (2000). "Pierre Menard, Author of the *Quixote*", in *Labyrinths: Selected Stories and Other Writings*. London: Penguin

Burroughs, William S. (2012). *The Western Lands*. Penguin Modern Classics

Butler, Charles. (2001). "Alan Garner's *Red Shift* and the Shifting Ballad of 'Tam Lin'", in *Children's Literature Association Quarterly*, Summer 2001

CCRU. "The Templeton Episode" (http://www.ccru.net/digithype/ templeton.htm)

Deleuze, Gilles & Guattari, Felix. (2013). *Anti-Oedipus*, trans. Robert Hurley, Helen R. Lane & Mark

Seem. London: Bloomsbury

—. (2013). *A Thousand Plateaus*, trans. Brian Massumi. London: Bloomsbury

Dick, Philip K. (2003). *Time Out of Joint*. New York: Gollancz

du Maurier, Daphne. (2006). "Don't Look Now", in *Don't Look Now and Other Stories*. London: Penguin

—. (2004). "The Birds", in *The Birds and Other Stories*. London: Virago

Faber, Michael. (2014). *Under the Skin*. London: Canongate Books

Freud, Sigmund. (2011). *Beyond the Pleasure Principle*, trans. James Strachey. New York: Createspace

—. (2010). *Civilisation and its Discontents*, trans. James Strachey. London: Penguin

—. (2010). *The Interpretation of Dreams*, trans. A. A. Brill. London: Basic Books

—. (2003). *The Uncanny*, trans. David McLintock. London: Penguin

Garner, Alan. (2014). *Elidor*. London: HarperCollins

—. (2014). *Red Shift*. London: HarperCollins

—. (2014). *The Owl Service*. London: HarperCollins

Galouye, Daniel F. (2011). *Simulacron-3*. New York: Gollancz

Harman, Graham. (2012). *Weird Realism: Lovecraft and Philosophy*. London: Zero Books

Hofstadter, Douglas. (2008). *I Am a Strange Loop*. New York: Basic Books

Houellebecq, Michel. (2008). *H. P. Lovecraft: Against the World, Against Life*. New York: Gollancz

Irigaray, Luce. (1985). *Speculum: Of the Other Woman*, trans. Gillian C. Gill. New York: Cornell University Press

James, M. R. (2007). "Oh, Whistle, and I'll Come to You, My Lad", in *Collected Ghost Stories*. London: Wordsworth

—. (2013). "A Warning to the Curious", in *Collected Ghost Stories*. Oxford: OUP

—. (2013). "Casting the Runes", in *Collected Ghost Stories*. Oxford: OUP

Jameson, Frederic. (1992). *Postmodernism, or the Cultural Logic of Late Capitalism*. London: Verso

Jarry, Alfred. (2003). *Ubu Roi*. London: Dover Editions

King, Stephen. (2011). *The Shining*. London: Hodder

Lacan, Jacques. (2004). *The Four Fundamental Concepts of Psycho-Analysis*, ed. Jacques-Alain Miller, trans. Alan Sheridan. London: Karnac Books

Lem, Stanislaw. (2002). *Solaris*. London: Faber & Faber

Lévy, Maurice. (1988). *Lovecraft: A Study in the Fantastic*. Detroit: Wayne State University Press

Lindsay, Joan. (2013). *Picnic at Hanging Rock*. London: Vintage Classics

—. (2013). *The Secret of Hanging Rock*. London: Vintage Classics

Lovecraft, H. P. (2005). *At the Mountains of Madness: The Definitive Edition*. Penguin Random House: Modern Library

—. (2011). "Call of Cthulhu", in *H. P. Lovecraft: The Complete Fiction*. New York: Barnes and Noble

—. (2011). "Colour Out of Space", in *H. P. Lovecraft: The Complete Fiction*. New York: Barnes and Noble

—. (2011). "Dreams in the Witch House", in *H. P. Lovecraft: The Complete Fiction*. New York: Barnes and Noble

—. (2011). "Notes on Writing Weird Fiction", in *Supernatural Horror in Literature & Other Literary Essays*.

Maryland: Wildside Press

—. (2011). "The Shadow Out of Time", in *H. P. Lovecraft: The Complete Fiction*. New York: Barnes and Noble

Luckhurst, Roger. (2013). *The Shining*. London: BFI

Marcus, Greil. (2011). *Lipstick Traces: A Secret History of the Twentieth Century*. London: Faber & Faber

Matheson, Richard. (2008). *The Incredible Shrinking Man*. New York: Tor Books

McHale, Brian. (1987). *Postmodernist Fiction*. London: Routledge

Moorcock, Michael. (1999). *Behold the Man*. New York: Gollancz

Negarestani, Reza. (2008). Cyclonopedia: Complicity with Anonymous Materials. Melbourne: Repress

Nuttall, Jeff. (1968). *Bomb Culture*. London: HarperCollins

Otto, Rudolph. (1958). *The Idea of the Holy*. Oxford: Oxford University Press

Parrinder, Patrick. (2008). *James Joyce*. Cambridge: Cambridge University Press

Poe, Edgar Allen. (2016). *Masque of the Red Death*. New York: Createspace

Powers, Tim. (2005). *The Anubis Gates*. New York: Gollancz

Priest, Christopher. (2011). *The Affirmation*. New York: Gollancz

—. (2005). *The Glamour*. New York: Gollancz

Sheppard, David. (2015). *On Some Faraway Beach: The Life and Times of Brian Eno*. London: Orion

Strugatsky, Boris & Arkady. (2012). *Roadside Picnic*. New York: Gollancz

Thomas, D. M. (2004). *The White Hotel*. London:

W&N

Thomson, Philip. (1972). *The Grotesque*. London: Methuen

Wells, H. G. (2015). "The Door in the Wall", in *The Door in the Wall and Other Stories*. New York: Createspace

Woodward, Ben. (2012). *Slime Dynamics*. London: Zero Books

Žižek, Slavoj. (2009). *The Sublime Object of Ideology*. London: Verso

音乐

Miles Davis. (1970). *Bitches Brew*

Brian Eno. (1982). *Ambient 4: On Land*

The Fall. (1980). *Grotesque (After the Gramme)*

The Fall. (1982). *Hex Enduction Hour*

Joy Division. (1979). *Unknown Pleasures*

Györgi Ligeti. (1963). *Requiem for Soprano, Mezzo-Soprano, 2 Mixed Choirs and Orchestra*

Györgi Ligeti. (1967) *Lontano*

John Martyn. (1973). *Solid Air*

John Martyn. (1977). *One World*

Nico. (1968). *The Marble Index*

Tubeway Army. (1979). *Replicas*

电影

2001: A Space Odyssey (1968), dir. Stanley Kubrick

Amarcord (1973), dir. Federico Fellini

The Birds (1963), dir. Alfred Hitchcock

Blue Velvet (1986), dir. David Lynch

Close Encounters of the Third Kind (1977), dir. *Steven* Spielberg

Don't Look Now (1973), dir. Nicolas Roeg

Inception (2010), dir. Christopher Nolan

Inland Empire (2006), dir. David Lynch

Interstellar (2014), dir. Christopher Nolan

Invasion of the Body Snatchers (1978), dir. Philip Kaufman

The Man Who Fell to Earth (1976), dir. Nicolas Roeg

The Matrix (1999), dir. The Wachowski Brothers

Mulholland Drive (2001), dir. David Lynch

Night of the Living Dead (1968), dir. George Romero

Picnic at Hanging Rock (1975), dir. Peter Weir

Planet of the Apes (1968), dir. Franklin J. Schaffner

Quatermass and the Pit (1967), dir. Roy Ward Baker

The Quatermass Xperiment (1955), dir. Val Guest

The Shining (1980), dir. Stanley Kubrick

Solaris (1972), dir. Andrei Tarkovsky

Stalker (1978), dir. Andrei Tarkovsky

Star Wars (1977), dir. George Lucas

Under the Skin (2013), dir. Jonathan Glazer

Welt am Draht (*World on a Wire*) (1973), dir. Rainer Werner Fassbinder

The Wicker Man (1973), dir. Robin Hardy

电视剧

Children of the Stones (1976), ITV production, written

by Jeremy Burham and Trevor Ray, dir. Peter Graham Scott

Quatermass (1979), Euston Films production for ITV, written by Nigel Kneale, prod. Trevor Childs

Quatermass II (1955), BBC production, created by Nigel Kneale

Quatermass and the Pit (1958—1959), BBC production, created by Nigel Kneale

The Quatermass Experiment (1953), BBC production, created by Nigel Kneale

The Stone Tape (1972), BBC production, written by Nigel Kneale, dir. Peter Sasdy

Twin Peaks (1990—1991), dir. David Lynch

Whistle and I'll Come to You (1968), BBC production, dir. Jonathan Miller

Whistle and I'll Come to You (2010), BBC production, dir. Andy de Emmony

图书在版编目(CIP)数据

怪异与阴森 / （英）马克·费舍（Mark Fisher）著 ；王知夏译. -- 上海 ：上海人民出版社，2024. -- ISBN 978-7-208-19094-8

Ⅰ. G0

中国国家版本馆 CIP 数据核字第 2024RX3458 号

出版统筹 杨全强 杨芳州
责任编辑 赵 伟 陶听蝉
特约编辑 王如菲
装帧设计 @broussaille 私制

怪异与阴森
[英]马克·费舍 著
王知夏 译

出　　版 上海人民出版社
（201101 上海市闵行区号景路 159 弄 C 座）
发　　行 上海人民出版社发行中心
印　　刷 苏州工业园区美柯乐制版印务有限责任公司
开　　本 787×1092 1/32
印　　张 6.25
插　　页 4
字　　数 95,000
版　　次 2024 年 10 月第 1 版
印　　次 2025 年 10 月第 3 次印刷
ISBN 978-7-208-19094-8/G·2197
定　　价 48.00 元